아이의 공부습관을 키워주는 정리의 힘

아이의 공부습관을 키워주는 정리의 힘

| 윤선현 지음 |

위즈덤하우스

 차례

프롤로그 _ "정리 좀 해!" "나중에 할 거야!" • 8
추천의 글 _ 자녀가 공부를 잘하길 원한다면 정리부터 가르쳐야 한다 • 12

1부. 정리력이 학습력이다

아이의 공부, 정리가 답이다
정리를 하면 아이가 달라진다 • 17
정리정돈은 학습의 기본 • 21
환경으로 학습을 넛지하라 • 24

정리는 학습에 어떻게 도움이 되는가
왜 공부하기 전에 정리가 하고 싶을까? • 28
정리는 자기주도성이다 • 30
정리는 주의력이다 • 35
정리는 창의성이다 • 39
정리는 지식경영법이다 • 45

정리 잘하는 아이가 되게 하려면?
정리 때문에 더 이상 싸우고 싶지 않은 부모들 • 48
정리로 인한 갈등의 이유 • 49
정리 못하는 것은 유전일까? • 53
부모가 정리하면 아이도 정리한다 • 56
나중에 아이는 우리 집을 어떻게 기억할까 • 61

부모가 가르쳐 주는 삶의 기술, 정리
교과서에 제대로 실려 있지 않은 정리 교육 • 64
정리를 가르쳐야 하는 근본적인 이유 • 69

Check List 우리 아이는 어느 정도로 정리하고 있을까? • 78
Check List 나는 얼마나 정리를 잘하고 있는 부모일까? • 81

2부. 실천, 아이 정리 프로젝트

아이와 함께 자라나는 공간
우리 아이가 달라졌어요! • 87
아이의 행동에 변화를 주는 공간을 만들자 • 96
시기에 따른 환경의 변화와 놓쳐서는 안 되는 정리교육 • 101
동선에 맞는 아이방 정리법이 따로 있다 • 108
늙은 엄마의 아이방 정리 비법 • 112

아이방은 이대로 정리하면 된다
아이방 정리 흐름 1단계 : 합리적인 구입하기 • 122
아이방 정리 흐름 2단계 : 잡동사니 비우기 • 129
아이방 정리 흐름 3단계 : 수납하기 • 139
아이방 정리 흐름 4단계 : 청소하기 • 151

아이의 꿈을 키워주는 시간 정리법
타임푸어 때문에 힘든 엄마들 • 157
부모의 시간 정리 원칙 • 159
아이의 시간 정리 1단계 : 습관이란 시스템 만들기 • 163
아이의 시간 정리 2단계 : 우선순위의 개념 만들기 • 174
아이의 시간 정리 3단계 : 삶의 나침반 만들어주기 • 196

아이의 행복한 삶을 위한 관계 정리법
아이들도 관계를 잘 맺기 위해 정리가 필요하다 • 206
관계로 행복한 아이가 성공한다 • 208
아이의 관계 정리 1단계 : 관계 만들기 • 210
아이의 관계 정리 2단계 : 관계 유지하기 • 217
아이의 관계 정리 3단계 : 관계 정리하기 • 230

에필로그 _ 아이의 잠재력을 믿고, 정리의 힘을 믿는다 • 241
부록 _ 아이 정리 프로젝트 미션 • 244
참고문헌 • 247

프롤로그

"정리 좀 해!" "나중에 할 거야!"

　정리 컨설팅을 하면서 가장 뿌듯한 순간은 정리 후 아이들의 반응이다. 아이들은 넓고 환해진 집을 보며 각자의 개성에 따라 현재의 기분을 온몸으로 표현한다. "엄마, 이사 온 거 같아!" 하며 온 집안을 신나게 뛰어다니기도 하고, 먼지 쌓인 피아노를 열고 멋들어진 연주를 해주는 아이가 있었는가 하면, 누가 방에 들어왔는지도 모른 채 책에 집중한 아이도 있었다. 게다리 춤을 선사해주었던 귀여운 형제도 기억에 남는다.
　정리력 카페(cafe.naver.com/2010ceo)에 꾸준히 올라오는 아이와의 에피소드는 늘 감동을 준다. 부모가 정리하는 모습을 어깨너머로 지켜본 아이들은 가르쳐준 적도 없는데 알아서 정리하겠다고 나선다. "엄마, 오늘은 어디 정리할 거야? 나는 가방 정리할 거야." "엄마, 나 이 거 정리했어요. 잘했죠?" 특히 기억에 남는 에피소드는 마트에서 물건을 '살까 말까'를 한참 고민하고 있었는데, 함께 온 아이가 "이거 사서 또 버리려고?"라는 말을 해서 매대에 물건을 올려놓고 왔다는 사연이었다. 이런 아이들을 생각하면 나도 모르게 미소가 절로 지어진다.

그래서 그런지 오래전부터 교육생들과 정리력 카페 회원들로부터 "아이를 위한 정리 교육은 없나요?" "아이가 할 수 있는 정리력 프로젝트도 만들어주세요"라는 말을 들어왔다. 본인도 정리를 시작한 지 얼마 안 되었으니, 아이들에게 정리를 가르친다는 것은 또 다른 과제처럼 어렵게 느껴지는 모양이다. 그래서 이번에는 아이들을 위한 정리법에 대한 이야기를 책에 담았다. 간단히 요약하자면 다음과 같다.

먼저, 장소를 바꿔야 한다. 맹모처럼 이사를 가라는 것이 아니라, 현재 살고 있는 장소에서 불필요한 물건은 빼내고, 사용하기 편리하게 물건을 정돈해서 새로운 결을 만들어야 한다는 것이다. 앞으로 자세히 다루겠지만, 어지러운 집 안을 정리하는 것만으로도 아이들의 정서나 학습에 긍정적인 영향을 줄 수 있다.

둘째, 시간을 쓰는 법을 바꿔야 한다. 중요한 물건만 남기고 불필요한 물건을 비우듯이 일의 우선순위를 따져서 중요한 일들로만 시간을 채우는 것이다. 또 모든 물건을 제자리에 두듯이 그때그때 규칙적인 생활을 할 수 있도록 좋은 습관을 들여주어야 한다. 특히 시간을 낭비하게 만드는 컴퓨터 게임이나 스마트폰을 하는 시간을 줄이고, 아이가 흥미를 갖는 일에 몰입할 수 있는 자유로운 시간을 준다면, 아이는 이 시간을 통해 취미, 특기, 꿈을 갖고, 스스로 노력하게 될 것이다.

마지막으로 관계를 정리할 줄 알아야 한다. 관계 정리란 무작정 관계를 끊는 것이 아니다. 어떤 친구와 관계를 맺어야 행복한지 알고, 어떻게 관계를 맺고 갈등을 풀어가야 하는지 등등, 관계의 이치를 깨닫는 것이다. 관계에서 행복감을 느끼는 아이는 학교생활도 열심히 하고, 공부에도 최선을 다할 수 있다.

덧붙여 이 책에서 정리에 대한 기본적인 이론과 개념부터 차근차근 설명하면 좋겠지만, 이미 전작인 《하루 15분 정리의 힘》《관계 정리가 힘이다》《부자가 되는 정리의 힘》과 중복되는 내용이 있어서 자세히 다루지 못했다. 책의 논리상 필요한 내용은 일부 겹칠 수도 있음을 미리 밝힌다. 좀 더 체계적이고 구체적으로 정리에 대해 알고 싶으신 분들은 위 책들을 추가적으로 살펴보길 바란다.

이 책은 기본적으로 자녀교육서이지만, 부모가 정리 초보자라면 자기 자신을 위한 책이기도 하다. 정리에 대해 배운 적이 없다면, 정리에 자신이 없다면, 정리가 귀찮은 일이라면, 스스로 아이처럼 생각하고 가장 쉽게 정리하는 방법을 터득하길 바란다. 부모들은 자녀교육이란 말에 큰 부담을 느끼지만, 이 책의 내용을 하나씩 적용하고 따라하다 보면 자녀를 위한 일, 또는 자녀에게 가르쳐줄 만한 것들이 자신의 삶에도 유용한 것임을 곧 깨닫게 될 것이다.

추천의 글

자녀가 공부를 잘하길 원하다면
정리부터 가르쳐야 한다

 초등학교 교사로서 20년 이상 아이들을 가르치면서 정말 다양한 아이들을 접해보았다. 많은 아이들을 접하다 보면 자연스레 많은 상관관계들을 발견하게 된다. 예를 들면, 편식하는 아이들은 까칠하고 산만하다든지, 책을 많이 읽는 아이가 공부를 잘한다든지, 학교에서 가까운 아이들이 지각을 더 많이 한다는 식이다. 이런 상관관계 중에 단연 으뜸은 '정리 잘하는 아이가 공부도 잘하고 친구들에게도 환영받는다'이다. 너무 지나친 단정 아니냐고 항변할 사람들이 있겠지만 이것은 엄연한 현실이며 사실이다.
 정리가 안되는 아이들은 교실이라는 같은 공간에서 생활하기 정말 힘들다. 이런 아이들의 책상을 보면 말할 것도 없이 온갖 물건들이 널브러져 있다. 3교시 수업을 하고 있는데 아직 1, 2교시의 교과서와 공책들로 가득하고, 정작 해당 교시의 교과서와 공책은 책상 위에 없다. 책상 속은 항상 터지기 일보 직전의 만두처럼 빵빵하다. 가방 속은 어떤가? 한 달 전에 나눠준 가정통신문이 아무렇게나 구겨져 있고 심지어 온갖 음식물들이 가방 속에서 발효되고 있다. 사물함은 어떨까? 사물함 문을 여는 순간 물건들이 와르르 쏟아지기가 일상이며 무엇 하나 찾기 위해 모든 물건을 다 들어내기 일쑤이다. 이런 아이와 같은 공간에서 좋은 관계를 유지하면서 지내기는 여간 어려운 일이 아니다. 아이들조차도 정리되지 않는 아이를 좋아하지 않는다. 그 아이로 인해 본인이 직간접적으로 피해를 보기 때문이다.

자녀를 공부 잘하는 아이로 만들고 싶은가? 정리할 줄 아이로 만들어야 한다. 친구들이나 교사에게 환영받는 아이가 되길 원하는가? 정리를 통해 다른 사람들에게 피해를 주지 않는 기본을 갖춘 아이가 되어야 한다. 정리는 하면 좋고 안 해도 그만인 능력이 아니다. 가정생활, 학교생활뿐만 아니라 나아가 사회생활과 결혼생활에서도 꼭 갖추어야 할 핵심역량 중 하나이다.

많은 부모가 아이가 자라면 자연스럽게 정리도 잘할 거라고 생각한다. 하지만 정리란 커가면서 저절로 깨우쳐지고 습득되는 능력이 아니다. 정리도 철저하게 배워야 한다. 정리의 중요성을 깨닫고 일상생활 속에서 정리를 한 가지씩이라도 실천해가는 것이 중요하다.

이런 측면에서 이 책은 정말 유용하다. 정리의 중요성과 방법 등을 매우 구체적이고 실제적으로 소개한다. 이 책이 더욱 좋은 것은 정리의 개념을 공간의 개념에 한정하지 않고 시간과 관계까지 포함시키고 있다. 공간의 정리뿐만 아니라 시간의 정리와 관계의 정리도 정말 중요하다. 시간을 정리할 수 있는 사람은 성공할 수 있고, 관계를 정리할 수 있는 사람은 행복해질 수 있기 때문이다.

이 책은 먼저 정리가 안되는 인생을 살아가는 부모들에게 먼저 권하고 싶다. 그리고 자녀를 정리 잘하는 아이로 키우고 싶은 부모들과 정리 때문에 자녀와의 관계가 어려워진 부모들에게 적극 추천하고 싶다.

송재환《초등 1학년 공부, 책읽기가 전부다》저자)

1부.

정리력이 학습력이다

아이의 공부,
정리가 답이다

정리를 하면 아이가 달라진다

김유미 씨에게는 남들에게 털어놓지 못할 고민이 있었는데 바로 그녀의 딸, 민지에 대한 것이었다. 그녀는 놀이교육과 자녀교육을 하는 잘나가는 강사였다. 다른 부모들에게는 '이렇게 해라, 저렇게 해라' 하면서 정작 자신의 아이 문제는 어떻게 해야 할지 속수무책이라 집에서도 바깥에서도 자괴감을 느꼈다.

아이는 원래 책을 좋아하고, 말도 잘 듣는 착한 아이였다. 그런데 어느 날부터 짜증과 신경질은 기본이고, 꼬박꼬박 말대꾸에, 엄마 말은 듣는 척도 하지 않았다. 사춘기라 생각하고 넘기기에는 문제가 심각했다. 가장 큰 문제는 스마트폰 중독이었다. 잠도 안 자고 새벽 3~4시는 기본, 어떤 날은 밤을 샐 정도였다. 그러다 보니 아침에는 늦잠을 자느라 학교에 결석하는 것도 여러 번이었다.

혼을 내보기도 하고, 어르고 달래도 봤지만 이른 아침 강의를 하러 집을 먼저 나온 날은 어김없이 무단결석을 했다. 집을 나가 딴짓을 하는 것도 아니었고, 말썽을 피우는 것도 아니었다. 단지 방 안에 틀어박혀 스마트폰만 들여다보고 있는 것이었다. 그때마다 아이에게 울면서 '제발 부탁이야. 졸업해야지. 안 그러면 동생들이랑 내년에 또 학교 다녀야 해' 하고 애원했지만 소용없었다. 그녀는 점점 이중적인 삶에 괴로움을 느꼈다.

결국 결석 일수가 늘어나 운영위원회에 참석해달라는 연락을 받았다. 함께 참석한 경찰은 그녀를 보며 아이를 돌보기 힘든 우울증 환자나 장애인일 것이라 예상했다며, '어머님의 상태는 너무 좋으신데요'라는 씁쓸한 농담을 건넸다. 운영위원회에 참석 후에는 주민센터에서 가정방문을 하겠다는 연락이 왔다. 연락을 받은 후 그녀는 한참을 멍하니 있었다. 왜냐하면 다른 사람에게 집을 보여준다는 것은 상상도 할 수 없는 일이었기 때문이다.

그녀의 집은 교육 때 쓰는 놀이도구와 교구로 난장판이었다. 몇 해 전에 작업실로 쓰던 사무실을 정리하고 그곳에 있던 물건들을 집으로 가져왔는데, 그날 가져와 둔 상태로 거의 몇 년을 살다 보니 집에 누군가를 초대한 기억도 나지 않을 정도였다. 집도 집이었지만,

자신이 자녀교육 강사라는 것을 밝혀야 한다는 사실이 더 두려웠다. 결국 친구에게 도움을 요청해서 겨우 다른 사람에게 보일 수 있을 만큼만 거실과 주방을 치웠다.

그런데 집이 좀 정리되고 나니 생각지 못한 일이 벌어졌다. 늘 어르고 달래야 못 이기는 척 학교에 갔던 민지가 혼자 일어나서 학교 갈 준비를 하는 것이었다. 방과 후에는 집에 친구를 데리고 와서 놀기도 했다. 매일 스마트폰만 갖고 놀던 아이가 집에서 친구와 노는 모습을 보니 감격스럽기까지 했다. 그리고 한 가지 큰 깨달음을 얻었는데, 아이가 사춘기에 접어든 시기와 사무실을 정리한 시기가 거의 일치했다는 것이다. 내친김에 여름휴가를 반납하고 거의 한 달을 오로지 정리에만 몰두했다. 열두 자 장이 교구재 수납장이 되었고, 리빙박스에 분류해서 라벨링까지 완벽하게 정리했다. 생활에서 쓰는 물건들 중에서도 안 쓰는 것들은 죄다 처분하고 최대한 바닥에 돌아다니는 물건이 하나도 없이 말끔하게 정리했다. 천지가 개벽한 듯한 기분마저 들었다.

혹시나 하던 마음이었지만 집 안이 정리된 후 딸아이의 변화는 점점 더 두드러지게 나타났다. 듣는 척도 않던 엄마의 말에 반응하기 시작한 것이다. 심부름도 잘하고, 말대꾸도 줄었다. 욕심을 내서 한 시간씩 스마트폰 사용 시간을 줄이기로 약속을 얻어냈고, 아이는 그 약속을 지키려고 노력했다. 스마트폰 사용이 줄어들자, 자연스럽게 학교를 결석하는 일도 없어졌다. 집에서는 가족들 간의 대화도 늘었다.

그러니까 문제는 딸아이가 아니라, 이 난장판 집이었다. 자녀에게 환경이 얼마나 중요한지를 그녀는 새삼 깨달았다. 아무리 좋은 자녀교육법을 많이 알고 있더라도, 집 안이 어지럽다면 아무 소용이 없는 것이다. 깔끔한 집 안! 그것이 자녀교육의 기본임을 그녀는 뼈저리게 느꼈다.

정리정돈은 학습의 기본

정리 컨설팅을 받고 싶어 하는 엄마들 사이에서 지레 겁먹고 포기하게 만드는 말이 있다.

'정리 컨설팅을 받으려면 명품백 하나 값을 줘야 한다.'

다양한 매체를 통해 정리 컨설팅이 널리 알려졌지만, 명품백만 한 가치가 있는지에 대해서는 아직 갸우뚱한 모양이다. 그러나 김유미 씨 사례처럼, 정리 후 아이의 변화를 두 눈으로 확인한다면 정리가 명품백 몇 백 개 이상의 가치가 있음을 깨닫게 될 것이다.

한번은 노원구의 한 초등학생의 방을 정리한 적이 있었다. 고객의 말에 의하면 아이는 거의 자신의 방에 있는 일이 없다고 했다. 그러나 문제는 아이가 아니었다. 초등학생 방이라고 믿을 수 없을 정도로 책장에 무거운 책들이 가득했다. 자세히 들여다보니 대학교 전공서들과 토익 문제집들이었다. 누구의 책이냐고 물어보니, 취직해서 다른 곳에서 살고 있는 큰딸의 책이라고 했다. 원래는 큰딸이 사용하던 방이었는데, 누나의 취직으로 인해 자연스레 동생이 방을 물려받으면서 상황이 이렇게 된 것이다. 그 방은 아이 공부방이라기보다는 큰딸의 물건을 보관하는 창고방이라는 표현이 더 적합할 것 같았다. 그러니 아이도 자신의 방처럼 느껴지지 않았던 것이다. 결국 큰딸의 물건 중에 비싼 책은 택배로 보내고, 나머지는 대부분 버렸다. 그랬더니 자기 방은 들여다보지도 않는다던 아이가 조용히 와서 자신의 물건을 함께 정리하는 모습을 보였다. 안 쓰는 장난감을 열심히 모았고, 책상도 스스로 정리했다. 정리가 끝나자 아이는 어느새 책장에 있는 자신의 책들을 구경했고, 그중 한 책을 꺼내 읽기 시작했다.

워킹맘 조미숙 씨의 사례도 주목할 만하다. 그녀는 정리 특강에 참석한 교육생이었다. 교육을 받고 그녀는 내가 알려준 대로 매일 타이머를 맞추고 집 정리를 했다. 몸살감기가 3일째 되는 날이 최대 고비였지만, 15분이라도 정리해야 한다는 자신과의 약속을 지켜냈다. 하루는 사용하지 않고 잡동사니만 쌓여 있던 화장대를 정리했다. 아이가 처음 본 결혼사진도 나와서 한참 동안 함께 그 사진을 보며 수다를 떨었다. 아이가 초등학생이 될 때까지, 참 오랫동안 그 자리에 방치하고 있었음을 깨달았다. 정리된 모든 공간이 좋았지만 가장 만족스러웠던 공간은 아이방 책상이었다.

언제 어디서 주워왔는지 알 수 없는 돌멩이부터 온갖 잡동사니들

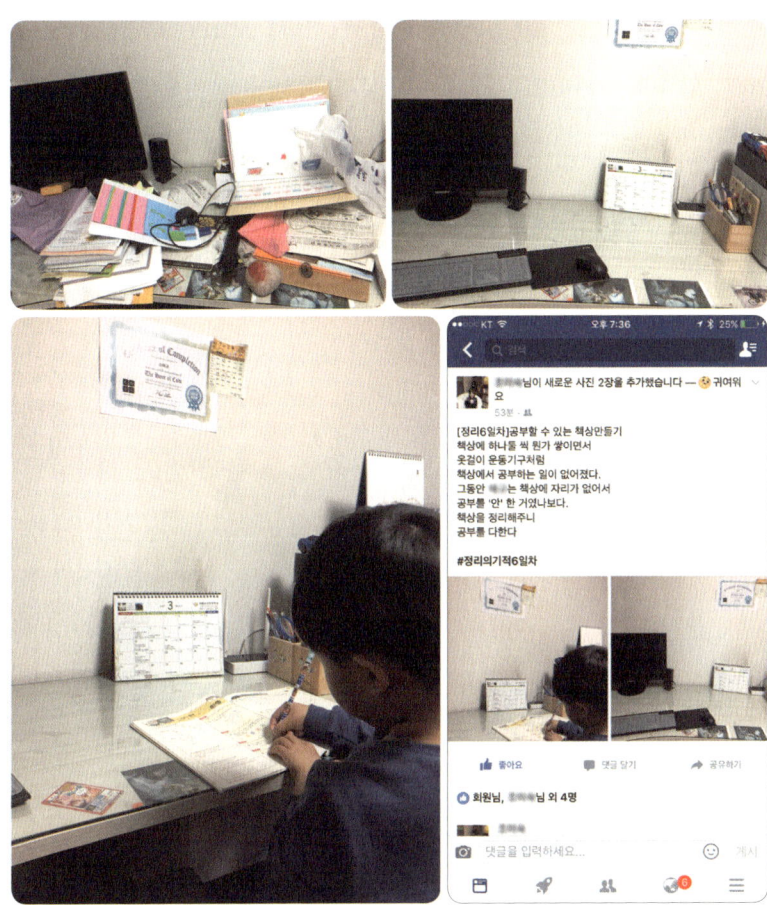

〰〰 엉망진창이었던 책상을 정리하자 공부하기 시작한 아이, 이 경험을 페북에 공유하자 다른 엄마들도 정리의 기적을 경험하기 시작했다.

의 무덤이었던, 여기서 어떻게 책가방을 싸는지 미스터리했던 책상이 깔끔하게 정리되자 비행기 활주로가 생각이 날 정도였다. 더 놀라웠던 것은 정리를 마치고 나니, 평소 책상에는 앉지 않던 아이가 책상에 앉아서 학습지를 푸는 것이다.

그 모습에 소름이 돋은 그녀는 혼자만 알고 있기가 아까운 마음에 친구들 단톡방에 '책상 정리했더니 아이가 공부를 하더라'는 이야기를 사진과 함께 공유했다. 그랬더니 몇몇 엄마들은 단숨에 책상정리를 마쳤고, 오래지 않아 자신의 집에서도 '정리의 기적'이 나타났다며, 아이가 책상에 앉아 공부하는 사진들을 릴레이로 올리는 광경이 펼쳐졌다. '공부 좀 해' '숙제 했니?'라는 잔소리에는 시큰둥하던 아이가 방 정리, 책상 정리를 했더니 자발적으로 책상에 앉았다는 사실에 모두 열광하는 분위기였다. 엄마의 열 마디 말보다 정리라는 한 번의 행동이 더 효과적이었던 것이다.

환경으로 학습을 넛지하라

정리 교육 때 만난 한 정리 컨설턴트는 특히 아이방 정리에 관심이 많았는데 '자신의 육아경험 때문'이라고 했다. 그녀의 딸은 우리나라에서 최고 명문대학 의과학 분야의 박사과정을 공부할 정도로 엘리트였다. 덕분에 주변 사람들로부터 어떤 고가의 과외나 학습지 공부 같은 비결이 있었던 것은 아닌지 숱한 질문을 받아왔다. 하지만 아무리 생각해도 딸아이 스스로 공부를 열심히 한 것이지 성적이나 입시를 위해 특별한 지원을 해준 것은 없었다.

그런데 아이들을 다 키워놓고 특기와 취미를 살려 정리 컨설턴트가 되고 나니, 자신에게 똑똑한 아이를 길러낸 비법이 있었음을 깨닫게 되었다. 정리를 의뢰하는 고객들은 대부분 30~40대라 유치원이나 초등학생 자녀를 두고 있었다. 살림살이도 정리가 안되지만, 아이를 위해 산 교구, 책, 장난감들이 집 안 곳곳에 잡동사니처럼 쌓여 있었다. 잡동사니가 많다 보니 집 안은 대체로 어두웠고, 먼지도 많이 쌓여 있었다. 이런 광경들을 보며 '과연 이런 환경이 아이들에게 도움이 될까?'라는 의문을 떨쳐낼 수 없었는데, 예상대로 "애가 말을 잘 안 들어요" "방에서 공부하는 걸 본 적이 없어요" "놀기만 좋아하지 공부에 욕심이 없어서 큰일이에요" "하루 종일 TV만 봐요" 등등, 대부분의 고객들이 자녀에 대한 고민을 한가득 가지고 있었다.

생각해보면 그녀는 늘 깨끗하고 정리정돈이 잘된 집에서 아이를 맞이했다. 아이가 커가면서는 커튼 색상을 고르거나, 책상과 침대 같은 가구를 구매할 때도 아이의 의견을 들어주었고, 정리정돈 방법까지 의논했다. 고가의 과외를 시켜주거나, 요즘 엄마들처럼 차로 이리저리 데려다 주고, 진학 관련 고급 정보들을 챙기지 않았지만, 아이는 자신의 방에서 해야 할 일을 착실히 해냈고, 스스로 진로를 정했으며, 자신이 좋아하는 일에 몰두했다. 깨끗한 집에서 아이의 세계를 존중해준 것. 이것이 바로 비법이라면 비법이었던 것이다.

'넛지(nudge)'라는 개념이 있다. 넛지는 '살짝 자극한다, 살짝 밀어준다'는 뜻으로 개인의 자유를 존중하면서 더 건강하고 나은 삶을 살게 하기 위해 그들의 행동방식에 영향을 미치는 것을 말한다. 어느 자녀교육 강사가 말하길, 게임에 빠져 있는 아이에게 게임을 그만두게 하는 방법은 "게임 해!"라고 잔소리하는 것이라고 한다. 아이들은 하지 말라고 하면 더 하고 싶어 하고, 강한 규제에 반감을 갖기 마련이다. 그런데 넛지를 행할 경우, 행동을 선택하는 사람의 자율에 맡기면서도 더 좋은 행동을 하도록 영향을 미친다. 그렇기 때문에 여러 육아전문가들이 '넛지육아'라는 단어를 만들어 육아와 교육에 적극적으로 활용하기를 권하고 있다.

넛지를 활용해서 아이들에게 좋은 영향을 미친 사례들은 많다. 급식실에서 음식을 배열할 때 가장 먼저 과일을 놓기만 해도 과일의 소비량이 25퍼센트나 늘어난다. '과일을 많이 먹어라'라고 잔소리하는 것보다 훨씬 효과적이다. '옐로카펫' 역시 넛지를 통해 아이들의 안전을 보호한 좋은 사례다. 아이들이 횡단보도 앞에서 안전하게 기다리게 하기 위해 땅바닥에 크게 노란색 스티커로 주변과 분리된 공간을 만든 것이다. 그랬더니 아이들은 자연스럽게 옐로카펫 안에서 신호를 기다렸고, 운전자들은 시야를 사로잡는 옐로카펫 덕분에 자연스럽게 감속하게 되었다.

관련된 연구 결과도 있다. 미네소타대학교의 캐슬린 보스와 동료 연구자들은 깔끔한 환경이 사람의 행동양식에 미치는 영향에 대해 알아보았다. 먼저 34명의 참가자들을 무작위로 '깔끔한 방'과 '지저분한 방'에 들어가게 하고 실험과 관련 없는 설문에 응하게 함으로써 10분 정도 머물게 했다. 그런 다음, 보육시설의 아이들에게 책과 장난감을 보내주는 기부 프로그램에 자신이 수고료로 받은 돈(3유로) 중에 얼마를 기부할 것인지를 물었다. 그 결과, 깔끔한 방에 있던 참가자들이 지저분한 방에 있던 참가자들에 비해 두 배나 많은 돈을 기부했다. 또 방에 있는 동안 사과나 초콜릿 중 하나를 선택해 먹도록 했는데, 깔끔한 방의 참가자들이 몸에 유익한 사과를 더 많이 골랐다. 정리정돈된 환경이 참가자들로 하여금 사회 통념적으로 좋은 행동을 더 많이 하도록 유도한 셈이다. 이렇게 깨끗한 공간은 본능적인 행동뿐만 아니라, 의지에 영향을 받는 행위에도 긍정적인 영향을 미치는 것이다.

정리는 학습에
어떻게 도움이 되는가

왜 공부하기 전에 정리가 하고 싶을까?

책상을 정리했더니 아이가 스마트폰을 놓고 숙제나 공부를 시작하는 것은 우연이 아니다. 세계적으로 유명한 임상심리학 박사이자 상담가인 토머스 고든은 환경을 바꾸는 방법은 아이의 나이에 상관없이 매우 유용하게 쓸 수 있는 방법이라고 말한다. 그런데 대부분의 부모들은 "공부 좀 해" "왜 미리미리 챙기지 않니?" 등등의 말로 아이들의 행동을 그만두게 하거나 바꾸려고 하지, 환경에 대해서는 거의 주의를 기울이지 않는다. 이번 챕터에서는 자녀들에게 닥친 최우선의 과제인 '학습'의 영역에서 정리정돈이 미치는 영향에 대해 자세히 살펴보기로 하자.

공부를 시작하기 전에 어지럽혀진 책상을 정리하고픈 충동은 누구나 한 번쯤 경험했을 것이다. 왜 공부를 하기 전에 꼭 지저분한 방이 거슬리고, 그동안 방치했던 잡동사니들을 정리하고 싶은 욕구가 생기는 걸까?

심리학자 바버라 프레드릭슨은 기분 좋은 감정이 창의력, 사고력, 판단력 등에 좋은 영향을 미치고, 스트레스처럼 부정적인 감정은 인식을 협소화시킨다고 말한다. 대부분 깨끗하고 가지런하게 정돈된 방은 상쾌하고 좋은 감정이 들게 하고, 공부든 일이든 의욕적으로 시작할 수 있게 한다. 반대로 숙제를 하려고 하는데 책상 위에 잡동사니들이 가득하고, 학원 교재나 학교 준비물을 찾을 수가 없어서 하루 종일 방 안을 뒤져야 한다면, 의욕도 나지 않을뿐더러, 집중이 잘 안 되고, 학습 효과도 떨어진다.

우리 뇌는 공부보다 생존을 더 중요시한다. 안 좋은 경험이나 스트레스 등을 받아 좋지 않은 감정이 생기면, 뇌는 생존에 관한 경고로 생각하고 어떤 정보보다 우선권을 준다. 어쩌면 공부를 하기 전에 정리를 하고 싶은 이유는, 좋은 기분이여야 학습과 같은 고차원적인 활동을 할 수 있다는 우리 뇌의 무의식적인 명령이 아닐까?

정리는 자기주도성이다

● ● ●

　자기주도학습은 아이가 명령이나 강제에 의해 공부하거나, 진도와 선생님에 의해 수동적으로 학습에 임하는 것이 아닌, 스스로 능동적으로 공부하는 것을 말한다. 학교나 학원 수업만으로는 부족하기 때문에 좋은 성적을 받기 위해서는 혼자서, 자기주도적으로 학습하는 것이 필요하다. 그런데 요즘은 자기주도학습관이나 자기주도캠프와 같은 사교육까지 생겨나는 아이러니한 현상까지 발생했다. 자기주도를 잘하는 아이들에게는 어떤 특징이 있는 것일까?

　자기주도를 하려면 먼저 혼자 공부하는 시간을 확보해야 한다. 또 학습목표 설정부터 계획, 평가까지 학습과정 전반을 조절하고 통제해야 하므로 상당한 자기절제능력이 필요하다. 이는 누가 가르쳐줄 수 있는 것도 심어줄 수 있는 것도 아니나, 전혀 도움을 줄 수 없는 것도 아니다. 깨끗하고 정돈된 환경을 만들어주는 것은 아이들이 스스로 공부할 수 있는 힘을 키우는 데 상당한 도움이 된다. 다음 연구결과를 살펴보자.

　브리티시컬럼비아대학교에서 박사과정 중인 보윤 채와 중국 창장경영대학원 교수 루이 주는 150명의 대학생들을 세 그룹으로 나누어 실험을 했다. 첫 번째 그룹은 종이, 물병, 종이컵 등이 선반에 어지럽게 널려 있는 지저분한 환경에서, 두 번째 그룹은 같은 양의 물건들이 반듯하게 정리된 환경에서 과제를 수행하게 했다. 마지막 그룹은 대조군으로, 선반에 아무것도 올려 놓지 않았다. 그리고 나서 참가자들을 한 명씩 방으로 들여보내 진행자가 제시하는 열 가지 제품의 그림을 한 번에 하나씩 보면서 질문에 답하게 했다. 진행자가 보여준 제품은 HDTV, 미니냉장고, 에어컨, 전자레인지 등이었다. 참가자들은 자신들이 각 제품을 얻기 위해 얼마나 많은 돈을 기꺼이 지불하고 싶은지(최대 금액)를 제시하도록 요청했다. 그 결과, 지저분한 방에 있던 참가자들이 깔끔한 방에 있던 참가자들(그리고 대조군의 참가자)에 비해 전반적으로 높은 가격을 제시하는 경향이 발견되었다.

환경이 어지럽고, 정리가 되어 있지 않으면 '충동구매'의 가능성이 상대적으로 높다는 것을 추측하게 한다. 충동구매는 다양한 원인으로 일어나지만, 충동구매를 막으려면 기회비용을 생각해본다든가, 사기 전에 20분 정도 기다림을 갖는 등의 자기조절능력이 필요하다. 그러니까 어지러운 방에서 아이들이 해야 할 일을 미루고, 각종 흥미로운 만화책, 장난감, TV, 스마트폰에 빠져 있는 것은 어쩌면 자연스러운 현상이다. 정리되지 않은 환경에 사람들이 처하면 스스로 관대해지면서, 자기조절능력에 문제가 발생하기 때문이다.

아이가 스스로 공부하고 숙제하는 모습을 기대한다면 아이 방 안부터 살피는 것이 우선이다.

자기주도를 위한 몰입의 중요성

"이번 시험에서 100점 받으면 게임기 사줄게."

"평균 95점 넘으면 용돈 20만 원 줄게."

동기부여를 위해 아이들에게 외적 보상을 내거는 부모들이 많다. 이런 보상방식에 익숙해지면 아이들이 먼저 "이번에 핸드폰 신형으로 바꿔주면 공부 열심히 할게요"라며 거래를 제안해오기도 한다. 용돈이나 선물 등 외적인 보상은 즉각 효과가 있을 수 있지만, 보상이 없으면 지속되지 않는다는 한계가 있다. 어떤 행위를 강화하고, 지속시키기 위해서는 외적 동기보다는 내적 동기가 발현되어야 하는 것이다. 내적 동기는 내적 보상에 의해 발현될 수 있는데, 가장 근본적인 보상은 '공부에 대한 즐거움'을 느끼는 것이다.

우리는 보통 행복한 순간을 즐겁게 여가를 보낸 시간이라고 생각하지만, 《몰입의 즐거움》의 저자 칙센트미하이에 의하면 사람은 여가를 즐길 때보다 어떤 과제를 수행할 때 더 행복감을 느낀다고 한다. 그런 순간을 몰입이라고 하는데, 몰입이란 어떤 일이나 놀이, 또는 어떤 활동에 집중하여 즐기게 될 때 푹 빠지는 경험을 말한다. 그 자체가 재미있는 일이기에, 지속하고 싶은 마음이 생기는 것이다. 또 몰입 이후에는 행복감이 느껴지고, 자아감이 더욱 강해지는 효과가 있다. 그 일이 건설적이고 자신의 미래에 도움이 되는 일이라면 그 효과는 더욱 커진다고 한다. 서울대 치의예과를 다녔던 연예계의 뇌섹남 김정훈은 고등학생 시절에 우울증을 이겨낼 수 있던 힘이 수학

문제를 풀 때의 몰입감이라고 말했다. 몰입의 감정은 우울증을 이겨낼 만큼 강한 행복감을 주며, 자존감을 높여준다. 즉, 공부에 몰입하는 경험을 할수록 공부에 재미와 보람을 느끼고, 지속할 수 있는 힘을 얻게 되는 것이다.

몰입을 잘하려면 정리가 필요하다

그렇다면 아이들이 몰입을 잘하게 하려면 어떻게 해야 할까?

먼저 몰입을 잘할 수 있는 환경을 만들어주어야 한다. 공부와 관련 없는 불필요한 요소를 정리하는 것이다. 공부를 통해 느낄 수 있는 재미와 흥미는 고차원적인 즐거움이다. 그러므로 자극적이고 즉각적인 재미를 제공하는 것들이 주변에 보인다면 몰입으로 가는 과정이 깨지게 된다. 그래서 컨설턴트들이 공부방을 정리할 때는 오픈된 수납보다는 붙박이장처럼 가리는 수납을 해준다. 예를 들어, 게임기나 컴퓨터를 방 안에 세팅해놓는 것보다 게임기는 바구니에 넣고, 컴퓨터는 노트북을 사용해서 붙박이장에 정리해놓은 뒤 허용된 시간에 꺼내서 사용하고 다시 정리하는 것이다.

그다음에는 시간 정리를 해야 한다. 무슨 말이냐 하면 불필요한 일들을 줄이고, 스스로 공부할 시간을 만들어 부족한 부분을 효과적인 공부법으로 메워야 한다. 왜냐하면 몰입을 하려면 '자신의 실력'보다 약간 어려운 도전적인 과제를 선택해야 하는데, 자신의 실력을 제대로 파악하려면 진도나 문제풀이와 관련 없이 자유롭게 혼자 공부하는 시간을 필요로 하기 때문이다. 그런데 요즘 아이들은 지나친 선행학습과 고득점을 위한 고난이도 문제풀이에 노출되어 있고, 선생님이 문제풀이를 해주면 마치 자신이 그 문제를 풀 수 있는 것과 같은 착각에 빠진다. 그래서 자신의 실력을 정확하게 파악하기가 어렵다. 그렇기 때문에 자신의 실력에 따라 효과적으로 학습하기 위해서는 자유롭게 공부하는 시간을 만들고, 스스로 계획하고 실행하고 평가하는 일들이 필요하다.

정리는 주의력이다

초등학생 때는 공부를 꽤 잘했던 아이가 중학교에 들어가서는 맥을 못 추는 경우를 봤을 것이다. 공부라는 것이 이해만 가지고는 안 되며, 암기력·기억력이 필요함을 실감하게 되는 것도 바로 이때다. 기억력은 '읽기' 능력과 관계가 깊기 때문에 공부 전반에 걸쳐 영향을 미친다. 중학교에 진학하면 공부해야 할 과목도 많아지고 텍스트의 양도 어마어마하게 증가하는데, 기억력이 낮으면 텍스트를 이해하는 것 자체도 어려워진다.

기억력을 향상시키는 방법은 여러 가지가 있지만, 기본적으로 기억을 하기 위해서는 주의력이 필요하다. 주의가 산만한 아이들은 기억해야 할 것들을 잘 잊어버리거나 까먹을뿐더러, 책상에 오래 앉아 있지 못한다. 주의력결핍과잉행동장애(ADHD)로 의심되는 아이들을 일찍부터 치료받게 하려는 부모들이 늘어나는 것도 바로 이러한 이유 때문일 것이다.

정리 컨설팅 고객 중에서도 아이가 책상에 앉아 있지를 못하고, 산만하다고 걱정하는 분들이 많다. 주의집중력이 부족한 아이들은 주변이 산만하면 더 큰 영향을 받게 된다. 다음 사례를 보면 그 중요성을 더 절감할 것이다.

코네티컷의 뉴헤이번에 있는 한 초등학교 건물 옆에는 하루에도 몇 번씩 기차가 큰 소음을 내며 지나다니는 기찻길이 있었다. 이것에 대해 우려한 학교는 기찻길 바로 옆에 있는 교실의 6학년 학생들과 소음의 영향을 전혀 받지 않는 반대편 교실의 6학년 학생들을 대상으로 학습 수준을 검사했다. 예상대로 심각한 결과가 나왔다. 소음에 노출된 학생들이 조용한 쪽에 있었던 학생들보다 무려 1년이나 학습 수준이 뒤처진 것이다. 그래서 시 당국은 학교에 소음차단벽을 설치했고, 다행히 두 학급의 실력 차는 현저하게 줄어들었다.

직접적인 실험 결과도 있다. 환경이 지저분하면 충동구매를 할 경향이 증가된다는 사실을 밝혀낸 브리티시콜롬비아대학교에서 후속 실험을 실시한 적이 있다. 참가자들을 세 가지 방에 무작위로 배정해서 과제를 수행하게 했다. 첫 번째 방은 사무용품(펜, 보드펜, 컵 등)이 책상 위에 흩어져 있고 신문이 아무렇게나 널려 있는 지저분한 방이었고, 두 번째는 같은 물건들이 잘 정돈된 방, 세 번째는 아무것도 없는 방이었다. 각 방에 들어간 참가자들에게는 순발력과 집중력을 평가하는 '스트룹(Stroop) 과제'가 주어졌다. 이 과제는 글씨의 색깔과 글씨의 의미가 동일할 때와 그 둘이 다를 때, 사람들이 얼마나 글씨의 색깔을 정확하게 빨리 이야기하는가를 측정하는 것이다. 모두 64개의 질문을 참가자들에게 던지고 시간을 측정했더니, 전체적으로 지저분한 방에 있던 참가자들이 나머지 조건의 참가자들보다 대답을 늦게 하는 경향이 발견되었다. 또 스트룹 과제를 끝내고 참가자들에게 '과제를 하느라 얼마나 지쳤는지'를 물었는데, 지저분한 방에 있던 참가자들이 다른 조건의 참가자들보다 상대적으로 '지쳤다' '힘들었다' 등의 반응을 보였다.

아이가 주의력이 부족하다고 탓하기 전에 주변 환경이 어떤지 먼저 살펴보면 어떨까? 인체의 감각 수용기 중에 70퍼센트가 시각에 있다고 하니, 눈에 보이는 주변 환경과 물건들의 영향을 크게 받을 수밖에 없다. 방이 어지러울수록 집중이 잘 안 되고, 기억력이 떨어지며, 쉽게 피로감을 느껴서 침대의 유혹을 뿌리칠 수 없는 이유다. 자녀가 중고생이라면 TV가 있는 거실로부터 멀리 떨어진, 프라이버시를 존중할 수 있는 방을 주고, 책상 위치를 선정할 때도 창문을 바라보는 위치에 놓지 않는 것이 좋다. 《책상위치만 바꿔도 아이성적이 달라진다》라는 제목의 책이 나오고, 공부환경조성 전문가라는 직업이 생길 정도로 학습에서 환경은 매우 중요한 것이다.

정리는 창의성이다

❀ ❀ ❀

보통 창의성이라 하면 기존의 질서와 전통을 깨뜨리고 새로움을 발굴하는 것이라고 생각한다. 그리고 다른 사람이 생각하지 못한 그 무엇으로 여겨지기도 한다. 그러나 내가 생각하는 창의성은 '문제해결능력'이다. 현장에서 문제가 발생했을 때 옆에 있는 누군가가 "이렇게 하면 되지"라면서 호들갑 떨지 않고 간단히 해결할 때, 그에게 "창의적이다. 아이디어가 좋다"라고 한다. 어떤 사람은 장애물이 생겼을 때 당황하고 지레 포기해버리지만, 창의성이 있는 사람, 아이디어가 있는 사람은 장애물을 없애거나 뛰어넘을 생각을 한다. 그런 사람들에게는 다른 사람들과는 다른 어떤 특징이 있다. 그들은 복잡한 머릿속을 정리할 줄 안다.

《베리 심플》이라는 책은 '미니멀 사고'의 개념을 통해 창의적으로 문제를 해결할 수 있는 방법들을 제시한다. '미니멀 사고'란 어지럽고 복잡한 상황을 단순화하는 것이다. 여기서 '복잡한 상황'은 문젯거리도 되지 않는 문제, 내가 처리할 수 없는 문제, 지금 당장 해결할 수 없는 문제 등을 말한다. 즉, '미니멀 사고'는 이 문제들을 분류하고, 본질을 파악해서, 쓸데없는 잡동사니들을 내다 버리는 것이다. 그런 면에서 머릿속 정리는 공간 정리와 매우 비슷한 과정을 거친다.

또 현실에 집중해서 변화를 꾀하는 '유연한 사고'를 하는 것도 창의성의 바탕이 된다. 정리력을 갖춘 사람은 상황에 따라 유연하게 자신만의 바른 질서를 만들어나갈 줄 안다. 집 안 정리를 예로 들면, 정리력이 뛰어난 사람은 파워블로거가 추천해주는 수납도구라든지 책에 나오는 정리 아이디어를 무작정 따라하는 것이 아니라 자신의 성향에 맞게, 그때그때 상황에 맞는 도구와 방법을 취할 줄 안다. 또 '상황은 언제든 바뀔 수 있다'는 유연한 사고를 가지며, 과정의 완벽함에 집착하지 않는다. 이것이 바로 정리력을 가진 사람들의 마인드이며, 이런 유연성은 창의성을 만드는 좋은 재료가 된다.

반면, 정리를 못하는 사람들은 과거에 집착하는 성향이 있다. 사람들이 물건을 잘 버리지 못하는 이유 중에는 '후회하면 어쩌지?'라는 두려움이 크게 차지한다. 버린 때는 이미 과거의 일인데, 후회를 두려워하는 것은 과거에 얽매이는 것을 뜻한다. 창의적인 사람은 결코 과거에 머물러 있거나 과거에 매달려 후회하지 않는다. 실제 버린 물건이 다시 필요해지는 순간이 오더라도, 창의력 있는 사람은 후회할 시간에 문제를 해결하기 위해 노력할 것이다.

창의적인 인물 중에 정리를 못하는 사람들도 있다

그런데 한 가지 짚고 넘어가야 할 것이 있다. 창의적인 아이가 반드시 정리정돈을 잘하는 건 아니라는 게 일반적으로 알려진 사실이라는 점이다. 정리정돈이 창의력에 큰 도움이 되지 않는다는 연구 결과도 있다. 대표적인 연구는 미네소타대학교의 캐슬린 보스와 동료 연구자들의 연구이다. 그들은 학생들을 깔끔한 방과 지저분한 방에 각각 머물게 한 후에 탁구공을 어떤 용도로 사용할 수 있을지를 묻는 창의력 테스트를 했다. 그리고 실험의 의미를 알지 못하는 두 명의 심사자에 의해 창의성을 평가하게 했더니, 지저분한 방에 머물렀던 학생들이 창의성 점수에서 훨씬 두각을 나타냈다. 실제로 스티브 잡스, 프로그래머이자 암호 해독자인 앨런 튜링, 페니실린을 발견한 알렉산더 플레밍, 화가 프랜시스 베이컨, 소설가 마크 트웨인은 창조적 인재이면서 책상이 어지럽기로 소문이 나 있다. 그렇다면 어떤 환경이 아이에게 도움이 되는 걸까. 창의성을 길러주기 위해 집 안을 지저분하게 방치해야 하는 걸까.

이런 고민을 하는 분들께 내가 말하고 싶은 것은 아이들에게 강요와 강압을 통해 스트레스를 주거나 강박이 생기지 않게 적당히 해야 한다는 것이다. 이것은 어른들에게도 해당되는 말이다. 종종 정리에 대한 완벽주의에 사로잡혀 아예 시작도 하지 못하겠다고 하소연하는 분들을 만난다. 그때마다 나는《아무것도 못 버리는 사람》이라는 책의 한 구절을 인용한다.

'우리는 완벽을 추구하려는 것이 아니다. 단지 우리의 공간을 막고 있는 잡동사니에 슬기롭게 대처하고 앞으로의 삶을 즐기려는 것이다.'

살면서 어지러워지는 순간을 포용하면서, 정리정돈이 필요한 순간 수월하게 할 수 있는 삶의 리듬과 균형이야말로 우리에게 필요한 것이다.

또 미리 고민하거나 걱정할 필요가 없는 것은 대부분의 아이들이 어느 정도 창의성을 가지고 있으며, 창의적인 활동을 하게 되면 자연히 주변이 어지러워진다는 점이다. 업무에 몰입한 직장인의 책상은 온갖 서류더미와 참고자료로 지저분해지고, 디자이너의 컴퓨터 바탕화면에는 온갖 그림 파일로 도배가 된다. 멋진 저녁 식사를 만들기 위해 고군분투하다 보면 조리대가 엉망진창이 되고, 개수대에 설거지가 가득 쌓이기 마련이다.

노는 게 일인 아이들은 오죽할까. 아이들은 장난감을 가지고 놀고, 공작을 하고, 그림을 그리면서 창의력이 발달한다. 몰입했다는 증거다. 더군다나 자유로운 환경은 창의력을 발달시키는 데 플러스가 되는 셈이니 아이가 놀 때는 중단시키거나 정리정돈으로 스트레스를 주지 말고, 놀이를 끝내거나, 리프레시가 필요할 때 정리정돈을 하면 되는 것이다. 정리정돈의 목적은 완벽을 기하는 게 아니라, 원하는 것을 얻기 위한 수단이자 기술이다. 앞서 말한 정리정돈이 자기조절력, 주의집중력 등 학습에 긍정적인 영향을 미치고 좋은 행동을 유도한다는 점만 보더라도 창의력을 기른다는 이유만으로 양단간에 포기할 만한 사항이 아니다.

시간 정리가 큰 성취를 만든다

창의적인 사람들은 남다른 천재성이 있기 때문에 언제나 탁월한 아이디어를 내어, 발표하는 족족 위대한 작품을 만들었을 것이라 생각한다. 그러나 그것은 오해다. 대문호 셰익스피어의 작품 중 대중에게 알려진 작품은 〈맥베스〉〈리어왕〉〈오셀로〉 등 많아야 10개 내외지만, 그는 20년에 걸쳐 희곡만 37편, 소네트는 154편을 썼다. 그중 몇몇 작품은 수준 미달이라는 비판을 받았던 적도 있고, 평범한 작품도 많았다. 클래식 분야도 마찬가지다. 런던 교향악단이 선정한 세계 50대 클래식에 모차르트는 다섯 곡, 베토벤은 네 곡, 바흐는 세 곡이 올랐다. 그러나 모차르트는 작곡한 작품 수만 600여 곡에 이르며, 베토벤은 650곡 이상, 바흐는 1,000곡이나 작곡했다.

이러한 사실을 보면 그들은 위대한 업적을 남기기 위해 매일 꾸준히 작품 활동을 하는 데 시간을 할애했다는 것을 알 수 있다. 미국의 작가 스티븐 킹은 《유혹하는 글쓰기》에서 영감을 얻기 위해서는 꾸준한 노력이 필요하다는 사실을 멋진 문장으로 표현했다. "뮤즈를 기다리지 말라. 여러분이 해야 할 일은 날마다 아홉 시부터 정오까지, 또는 일곱 시부터 세 시까지 반드시 작업을 한다는 사실을 뮤즈에게 알려주는 것이다."

영국의 온라인미디어 〈데일리메일〉에서 '위인들의 하루일과'라는 흥미로운 주제의 기사를 다루었다. 실제로 그들의 하루를 들여다보면 날마다 규칙적인 생활을 하면서 하루 일정 시간 작품 활동과 작품 활동을 위한 일들에 시간을 할애했음을 알 수 있다. 베토벤은 하루 8시간의 작곡을 했고, 찰스 디킨스도 날마다 아침 식사 후 5시간

동안 글을 썼다. 프로이트 또한 매일 10시간 가까이 환자들을 상담하고 분석하면서, 밤에는 꼭 2시간 반 정도 할애해 글을 읽거나 썼다. 규칙적인 생활과 꾸준한 노력이 위대한 업적을 남기게 한 것이다.

세계 최고의 갑부로 알려진 빌 게이츠는 어린 시절부터 어머니께 시간관리 교육을 철저히 받았다. 교사 출신의 어머니는 일주일치 옷을 미리 준비해서 입게 했고, 식사도 규칙적으로 하게 했다. 그는 어렸을 때부터 익힌 규칙적인 생활습관이 사업가로 성공하는 데 큰 힘이 되었다고 말한다. 또 《부자들의 자녀교육》이라는 책에 의하면 그의 부모는 자녀들이 책 읽는 데 집중할 수 있도록 주중에는 TV를 보는 것을 금지하고, 주말에만 보도록 했다고 한다. 빌 게이츠는 지금도 TV를 거의 보지 않으며, 모든 일을 계획적으로 실행하는 편이다. 어린 시절에 익힌 좋은 습관들이 시간 낭비를 최소화하게 했던 것이다.

위대한 업적을 남긴 위인이나 성공한 사람들은 좋은 습관, 규칙적인 생활습관을 가지고 있었다. 마치 모든 물건을 제자리에 두듯, 매일 해야 할 중요한 일을 적절한 시간에 빼놓지 않고 실행한 것이다. 쓸데없는 잡동사니 같은 일은 비우고, 본인이 이루고 싶은 일, 중요한 일, 소중한 일을 매일 빠짐없이 규칙적으로 채우는 것이야말로 창의적인 성취를 만드는 비법이다.

정리는 지식경영법이다

연암 박지원과 다산 정약용의 연구자인 정민 교수는 우리 문화사에서 아주 매력적이고 생동감 넘치는 시기였던 18세기 지식인의 중요한 특징을 '정리벽'이라고 말했다.

정약전은 흑산도에 귀양 가서 물고기에 관한 정보를 정리해 《현산어보》를 남겼고, 영의정을 지낸 이서구는 젊은 시절 앵무새를 기르다가 내친 김에 앵무새에 관한 정보를 모아 《녹앵무경》을 썼다. 서자 출신이지만 정조가 발탁하여 관직에 등용된 유득공은 호랑이 이야기만 정리해서 《속백호통》이라는 책도 썼으며, 이옥은 귀양 가는 도중에도 호기심을 참지 못해, 경상도 방언을 모아 정리하고, 도중에 본 지역별 특산물과 노정을 꼼꼼히 정리해 글로 남겼다. 이덕무·박제가·백동수가 함께 지은 《무예도보통지》는 무려 148종의 국내외 무예서를 참고해 편집한 종합 무예교과서다.

그러나 뭐니 뭐니 해도 18세기 지식인들 중에서 가장 손꼽히는 학자가 있다면 다산 정약용일 것이다. 정인보는 다산을 가리켜 "한자가 생긴 이래 가장 많은 저술을 남긴 대학자"라고 평가했으며, 추사 김정희는 "그의 학문 세계가 하도 넓고 깊어 감히 그 세계를 논평할 수 없다"고 말했다. 그는 방대한 자료들을 신기에 가까운 능력으로 수집, 분류, 배열해서 수백 권의 저술을 남겼고, 기술자로, 건축가로, 군사전략가로, 천연두 예방법에 대한 체계적인 글을 썼던 의사로, 지방 행정가들이 법적인 판단에 활용할 수 있도록 사례들을 연구한 법학가로 활약했다. 그뿐만 아니라, 2,000수가 넘는 감동적인 시를 남긴 시인이면서 음악학자이기도 하였다.

정말 불가사의할 정도이지 않은가? 어떻게 한 사람이 이렇게 많은 분야에서 동시에, 그것도 아주 탁월한 성취를 이룰 수 있었을까? 정민 교수는 그 이유에 대해 "그는 세계의 정보를 필요에 따라, 요구에 맞게 정리해낼 줄 알았던 전방위적 지식 경영가"였다고 말했다. 버릴 것은 버리고, 필요에 맞게 분류하는 정리 습관이 경이로운 업적을 남긴 위대한 학자로 만든 것이다. 정약용은 흩어져 있던 각각의 지식들을 어떻게 학습해야 하는지에 대해 다음과 같이 말한다.

'갈래를 나누고 종류별로 구분하라. 그렇게 해야 무질서 속에서 질서가 드러난다. 안 보이던 것이 보이기 시작한다. 보이지 않는 질서를 찾아내야 한다. 산만해서는 안 되고 집중해야 한다. 흩어져서는 안 되고 집약해야 한다. 지리멸렬, 각개격파로는 적을 물리칠 수 없다.'

정약용의 지식경영법은 정리법과 일맥상통한다. 분류하고, 각각의 본질(목적)을 찾아내어, 불필요한 것들을 비우고, 보이지 않는 질서를 찾아내는 것. 다시 말하면 질서란, 나에게 필요한 것들을 사용하기 쉽게 가지런히 두는 것이다. 마치 공간 정리하듯이 정보들을 수집하고, 그것을 분류 및 요약해서 제자리에 가지런히 재편집해두어 활용하는 것이야말로 평생학습 시대, 온갖 정보들이 쏟아지는 정보화 시대에 필요한 지식경영법이 아닐까?

정리 잘하는 아이가 되게 하려면?

정리 때문에 더 이상 싸우고 싶지 않은 부모들

아이가 어리면 잔소리를 해서라도 치우게 하는데, 사춘기가 되면 예민할 시기라 관계가 안 좋아질까 봐 아예 말조차 꺼내지 못한다. '철들면 스스로 치우겠지'라는 생각으로 두었다가 대학생이 되고, 직장인이 되었는데도 어지를 줄만 알고 치울 줄은 모르는 모습을 보면서 속 끓이는 것이 요즘 현실이다. 정리 강의가 끝나고 질의응답 시간이 되면 학부모들은 기다렸다는 듯이 자녀와의 정리로 인한 갈등에 대해 하소연을 한다. 그들의 고민은 대략 다음의 다섯 가지로 요약된다.

- 아이가 집 안을 온통 난장판으로 만들고, 정리는 절대 하지 않아요.
- 잔소리를 안 할 수가 없어요. 준비물을 늘 부모가 먼저 물어보고 챙겨 줘야만 해요.
- 숙제를 잘 챙기지 못하고 미루거나, 자주 잊어버려요.
- 바쁜 와중에 물건을 찾느라 시간을 허비해요.
- 알림장 등을 잘 기록하지 않고, 가정통신문을 늘 잃어버려요.

부모와 아이 사이에 끝이 없는 정리로 인한 갈등! 그 원인은 무엇일까?

정리로 인한 갈등의 이유

정리로 인한 갈등의 이유에는 다음의 네 가지가 있다. 이 네 가지는 부모들이 저지르기 쉬운 아이와 정리에 대한 대표적인 오해이기도 하다. 나는 이런 경우가 없었는지 한번 생각해보자.

1. 아이가 스스로 치울 수 없을 것이라 생각한다

대부분의 엄마들은 아이가 너무 어려서 정리할 줄 모른다고 생각하기 때문에 본인들이 치우는 것을 당연하게 생각한다. 그런데 하루에도 몇 번씩 정리를 반복하는 것이 고달프거나, 살림과 육아에 치여 힘에 부칠 때면 대뜸 "왜 늘 치우는 사람만 치우냐고!"라며 불같이 화를 낸다. 아이는 영문도 모른 채 엄마의 무시무시한 표정과 화를 그대로 받아들여야 한다.

정리는 크면서 자연스럽게 깨우칠 수 있는 것이 아니다. 그리고 커가면서 정리하라고 잔소리를 하면 '지금까지 엄마가 아무 말도 없이 해주다가 왜 나한테 시키지?'라는 생각을 갖기가 쉽다. 그러므로 일찍부터 스스로 자신의 물건과 공간을 통제할 수 있도록 가르쳐주어야 한다. 아이들은 돌만 지나도 물건의 집이 어디인지 알고, 제자리에 갖다 두라고 하면 갖다 놓을 줄 안다. 시켜보지 않고, 가르치지도 않고 정리할 수 없을 것이라고 단정짓는 것은 착각이다. 아이들은 믿는 만큼 자란다는 말도 있지 않은가.

2. 정리를 할 수 없는 집이다

한번은 모 교수님 댁을 정리한 적이 있다. 컨설팅을 마치고 돌아오는 길에 교수님으로부터 전화가 왔다. "대표님, 우리 딸아이가 정리를 했어요." 목소리를 들으니 울고 계신 것 같았다. 아이가 스스로 정리하는 모습을 처음 보았으니, 마치 걸음마를 처음 뗀 장면을 본 것처럼 감동을 받았던 모양이다.

정리는 사용한 물건을 제자리에 돌려놓는 것이다. 어린이집에서는 정리를 잘하면서, 집에서는 어지르기만 한다면 이유는 분명하다. 어린이집에는 물건마다 제자리가 있지만, 우리 집은 애초에 제자리가 없기 때문이다. 그런데도 대부분의 부모들은 아이가 정리를 할 줄 모른다고 하거나, '치워라'고만 다그친다. 우리 집이 애초에 정리할 수 없는 곳이라고는 생각지 못한 채 말이다.

3. 아이가 완벽하게 정리하기를 원한다

정리를 완벽하게 하길 원하는 부모일수록 정리의 본질에 대해 오해하고 있는 경우가 많다. 정리라는 것은 수단이지 목적이 되어서는 안 된다. 특히 어린아이일수록 소근육 발달이 잘 안 되어 있고, 눈과 손의 협응이 잘 이루어지지 않으므로 물건을 섬세하게 다루기가 어렵다.

그런데 각 잡아서 완벽하게 어른처럼 정리하길 원하면, 아이들에게 잔소리를 하게 되고, 행동 하나하나를 통제하게 된다. 그럴수록 아이들에게는 정리에 대한 좋지 않은 감정이 쌓이게 되고, 부모에게 칭찬받기 위해 혹은 혼이 나지 않기 위해 정리를 하게 된다. 중요한 것은 아이 스스로 정리를 했을 때의 유익을 느끼고, 그것이 내적 동기가 되어 스스로 지속적으로 해나가는 것이다. 기대를 낮추고, 기다려주자. 정리라는 것은 악기를 다루거나 운동을 하는 것처럼 하면 할수록 느는 기술이기 때문에 조급하게 생각할 필요가 없다. 기다리면 점점 해결될 일이다.

4. 아이들의 성향이나 스타일이 각기 다르다

일본의 정리 컨설턴트 스즈키 나오코는 두 자녀를 두었는데, 아들과 딸이 각각 우뇌형과 좌뇌형으로, 정리법도 각각의 성향에 따라 다르게 가르쳐주었다고 한다. 우뇌형인 아들은 직관적이고, 이미지, 전체를 보는 힘이 있어서 무의식적으로 행동하는 경향이 있었다. 그래서 직관적으로 파악하고, 쉽게 정리하게 하는 데 중점을 두고, 바구니에 대충 넣어두게 한다던가, 색깔 파일을 활용하거나, 사진이나 일러스트 라벨을 활용했다. 물건을 두는 곳도 본인이 편한 곳이 어딘지 최대한 의사를 물어보고, 정리정돈을 시킬 때도 "정리정돈을 하면 엄마가 참 기쁠 텐데"라고 감정에 호소했다.

반면, 좌뇌형 딸은 언어능력이 뛰어나고, 논리적이며, 반복적인 일을 잘해낸다. 그래서 딸의 방은 작은 칸막이나 작은 상자를 이용해서 아이템별로 분류해서 수납하고, 라벨도 글씨로 적어줬다. 정리정돈 시킬 때도 아들에게 하듯이 감정에 호소하기보다는 "안 노는 장난감 다섯 개만 찾아올래?" "나중에 찾기 쉽게 하려면 제자리에 둬야지"라고 논리적으로 설명했다고 한다.

아이 물건의 사용자이자 주인은 '아이'다. 결국 정리는 기본적으로 사용자가 사용하기 편리한 방식으로 정리되어 있어야 한다.

정리 못하는 것은 유전일까?

❋ ❋ ❋

현정미 매니저에게는 정리 코칭을 의뢰한 J고객님과의 잊지 못할 에피소드가 있다.

"매니저님, 너무 예쁘게 정리하지 말아주세요."

연유를 물었더니 뜻밖의 이야기를 듣게 되었다. 정리 때문에 이혼 위기에 처했다는 것이다. 사연은 이랬다.

애를 낳기 전까지는 남편이 주로 집 안 정리를 담당했다. 출산 후 물건의 양이 어마어마하게 늘어나면서부터 남편은 집에 오면 방에만 틀어박혀 있기 일쑤였고, 잦은 부부싸움이 반복되었다. 결국 한 번의 큰 싸움 끝에 이혼 얘기까지 나오게 되었다.

"저번에는 내가 무슨 짓을 저지를 뻔했는지 알아? 애가 당신 머리핀을 입에 넣는 걸 그냥 보고만 있었어. 애가 당신 머리핀 삼키면, 당신이 신경 써서 정리하겠지 싶어서. 금방 미친 생각이라는 걸 깨닫고, 애 입에서 머리핀을 빼냈는데, 그때 내가 얼마나 자괴감을 느꼈는지 알아? 나 도저히 이렇게는 못 살겠어."

남편은 이 모든 갈등의 원인을 '정리'로 잠정 결론 내린 듯했다. 그 얘기를 듣고 나니 남편이 왜 자기 방에만 틀어박혀 있었는지 알 것 같았다. 잘 정돈된 공간은 오직 남편의 방뿐이었다. 집 안을 둘러보니 어디서부터 어떻게 정리해야 할지 도저히 감이 잡히지 않을 정도

로 난장판인 상태였던 것이다. 결국 예전에 TV에서 '정리 컨설턴트'라는 직업이 있다고 본 것을 떠올렸다.

"매니저님, 사실 저희 엄마도 정리를 잘 못했거든요. 어쩌면 그 유전자가 저한테 있는 게 아닐까요? 저도 정리를 잘할 수 있을까요?"

현정미 매니저는 눈물을 글썽이는 고객의 어깨를 다독이며, 정리도 배워야 하는 것이고, 배우면 누구나 잘할 수 있는 거라며 희망적인 이야기를 해주었다.

그렇다. 정리는 저절로 잘할 수 있는 것도 아니고, 혈액형이나 유전자처럼 선천적으로 결정되는 것도 아니다. 나도 처음부터 정리를 잘했던 것이 아니었다. 정리 컨설턴트로 활동하는 사람들 중에서도 어렸을 때부터 정리를 잘했던 사람은 10퍼센트도 채 되지 않는다. 정리를 배운다는 것은 마치 생애 처음으로 핸드폰 사용법을 배웠던 것과 같다. 처음에는 좀 낯설지만 필요한 것부터 하나씩 배워나가다 보면 어느새 없으면 불편하고, 자판을 보지 않고 칠 수 있을 정도로 능숙해진다.

그래서 그런지 《하루 15분 정리의 힘》 책이 나왔을 때 난생 처음으로 정리라는 것을 제대로 배운 것 같다는 반응이 많았다. 많은 사람이 궁금해했던 것, 확실히 알지 못했던 것, 학교에서 가르쳐주지 않은 것, 한 번도 배우지 못했던 것인 '정리'에 대해, '정리를 어떻게 해야 하는가'에 대해 해갈을 해준 듯했다. 한 권의 책을 통해 정리에 대해 새롭게 알게 된 사람들은 배운 것을 실제 생활에 적용해보고, 더 많은 정보를 얻기 위해 다른 정리 책도 사보고, 정리력 카페에 가입해서 프로젝트도 참여하면서 정리 입문자에서 초급자로, 중급자에서 고수로 레벨업하듯 정리력을 업그레이드했다. 정리도 이처럼 배우면 잘할 수 있는 쉬운 습관이다.

그러면 이혼 위기에 처한 고객은 어떻게 되었을까? 현정미 매니저에게 편지와 함께 작은 선물이 택배로 왔다고 한다.

'매니저님! 남편이 눈치 챈 것 같지만 제가 잘 유지하는 걸 보니 모르는 척 넘어가는 것 같아요.^^ 남편은 이제 방에서 나와 아이와도 잘 놀아주고요. 저와의 관계도 좋아졌어요. 무엇보다 가장 기분이 좋은 것은 제 자신이 정리된 공간을 너무나 좋아하게 되었다는 거예요. 정말 정말 감사합니다.'

부모가 정리하면 아이도 정리한다
●●●

어느 날 정리력 카페에 '아이들 책상 정리를 하다가 깜짝 놀라 올려봅니다'라는 제목의 글이 올라왔다. 세둥맘노전정리 님은 아이 책상을 정리하다가 초등학교 2학년 딸아이가 끄적인 일기장 한 페이지

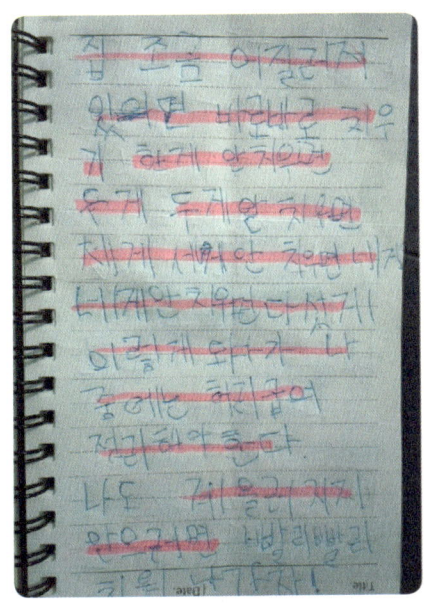

〰〰〰 엄마 따라 정리를 한 딸아이가 정리에 대한 자신의 생각을 일기장에 적기까지 했다.

를 발견하고 놀라움을 금치 못했다.

'집 조금 어질러져 있으면 바로바로 치우기. 한 개 안 치우면 두 개, 두 개 안 치우면 세 개, 세 개 안 치우면 네 개, 네 개 안 치우면 다섯 개. 이렇게 되다가 나중에 허리 굽혀 정리해야 한다.'

그녀는 1년 전부터 카페에 가입해서 집 안 정리에 몰두했다. 엄마가 정리하는 모습을 보면서 아이도 관심을 갖고, 도와주기도 하고, 스스로도 정리를 열심히 하더니, 자신이 얻은 깨달음을 일기장에 이렇게 멋지게 표현한 것이다.

　나도 아이의 글을 읽고 큰 감동을 받았다. 작은 일을 제때제때 하지 않으면 그 일들이 모여 큰일이 되고, 결국 더 큰 고생을 해야 한다는 '공간 정리'와 '시간 정리'에 대한 진리를 고작 2학년밖에 되지 않은 아이가 깨달았으니 얼마나 기특한 일인가.

　또 다른 사례가 있다. 그동안 정리하는 법을 몰라 어지러운 공간에서 아이를 키웠다는 한솔맘 님은 정리 후 아이의 변화에 대해 '정리의 마법'이라 표현했다.

'제가 참 그동안 돼지우리 같은 곳에서 애들을 키웠어요. 집에 오시는 분마다 저희 집엔 뭔 짐이 그리 많냐고 하고 정리해주는 분도 계시곤 했는데, 그 상태가 오래 못 갔어요. 저도 항상 마음속으로는 쾌적한 환경에서 살고 싶다는 생각은 가득했는데, 정말 방법을 모르겠더라구요. 친구네 집에 가서 괜찮은 수납법도 배워오고, 인터넷 검색도 해봤는데 집에 오면 잘 안 되는 거에요. 그러다가 우연히 정리 책을 읽고 난 후, 버려야 한다는 걸 알고, 정말 매일매일 버렸어요.

그러고 나니 가장 큰 변화는 바로 아이들의 변화였어요. 그렇게 청소해라, 정리해라 잔소리해도 안 하던 아홉 살 아들이 이틀 전부터 스스로 자기방 청소를 해요. 자기 전에 이불도 예쁘게 펼쳐놓고, 책상 위에는 아무것도 없이 치워놓고 깨끗하게 걸레질까지! 그전에는 공부할라치면 위에 있는 것들 대충 옆으로 밀어놓고 했거든요. 오늘도 자려고 아이방에 들

어왔다가 깜짝 놀랐어요. 시키지도 않았는데 방이 너무나 깔끔하게 정돈되어 있어서요. 역시 육아의 진리는 부모가 솔선수범해야 하는 건가 봐요. 제가 변하니 아이도 변하기 시작했어요. 정말 마법 같아요!'

한번은 정리력 카페에서 집 안 정리가 안되는 이유에 대해 조사한 적이 있었다. 압도적으로 1위를 차지한 것은 '아이들이 어질러서'였다. 교육생이나 정리 컨설팅 고객들을 만나면 대부분 아이 때문에 정리가 안 된다고 볼멘소리를 한다. 그러나 지금까지 많은 사례를 돌이켜보면 아이가 정리를 하지 않는 이유는 정리된 공간에 대한 경험이 없거나, 정리를 배우지 못했기 때문이다.

'아이는 부모의 거울'이란 말은 진짜 맞는 말이다.

부모는 일상생활의 역할 모델이 되기에 아이는 그 부모의 생활 모습을 닮게 되어 있다. '저렇게 하는 것이 삶의 방식인가보다' 하면서 말이다. 아이를 잘 키운다는 것은 부모가 솔선수범하는 모습을 보여주는 것, 그것이 전부가 아닐까 싶다. 특히 정리는 그 효과가 바로 나타나기 때문에 비슷한 경험을 했던 사람들은 '마법'이나 '기적'이라는 단어로 표현하곤 한다. 우리 아이가 어지를 줄만 알고 정리할 줄은 모른다면 생각해보자. 나는 정리를 잘할까? 미루고 미루다가 마지못해 정리하고 있지는 않을까? 부모가 정리를 안 한다면 아이가 정리를 안 하는 것은 당연한 일이다. 부모가 정리를 하지 않으면서 아이에게 정리를 잘하라고 나무라는 것은 무의미하다.

나중에 아이는 우리 집을 어떻게 기억할까

❀ ❀ ❀

정리를 잘하는 부모의 밑에서 자라는 건 어떨까?

취미가정리 님의 부모님은 매일 버리기, 청소, 정리정돈이 생활화된 분들이었다. 엄마는 늘 집 안을 치우며 "우리 애들은 왜 (깔끔한) 우리를 안 닮았나?"라는 말을 입버릇처럼 하시곤 했다. 어렸을 때는 집 안을 어지럽힌다고 친구들도 자주 못 데려오게 했고, 바닥에 머리카락이 떨어진다며 종종 짜증을 내서서 답답함을 느끼기도 했다.

결혼하고는 해방되나 싶었는데 어쩌다 집에 오시는 날은 현관서부터 잔소리를 늘어놓으셨다. 그런데 그녀가 카페에 가입해서 열심히 정리했더니, 엄마에게 처음으로 "웬일이니. 집이 너무 깨끗하다. 우리 딸 살림 잘하네"라는 칭찬을 들었던 것이다. 엄마에게 인정을 받으니, 부모님과 함께 살 때는 몰랐던 한 가지 큰 깨달음을 얻었다고 했다.

'생각해보니 결혼 전 우리 집을 참 좋아했던 것 같아요. 환기가 잘되서 좋은 냄새가 나고, 가구에는 오래 쌓인 먼지도 없고, 거실에는 햇볕이 들어오고, 화분도 예쁘게 잘 커갔던 모습이 떠올라요. 지금도 상상하니 저도 모르게 미소가 지어지네요.^^ 부모님께서 매일 잔소리하시고, 자주 핀잔을 들었지만, 사실 전 쾌적했던 우리 집이 참 좋았어요. 지금 집도 점점 비슷해지겠죠? 우리 아이들도 부모와 함께 살았던 집의 이미지를

저처럼 떠올리며 미소 지어주면 좋겠네요.'

우리 아이가 크고 나서 집을 어떻게 기억하기를 원하는가? 아이들은 정리정돈이 잘된 밝고, 쾌적한 집을 좋아한다. 그리고 그때의 경험은 부모가 물려주는 큰 유산이 될 것이다.

> **Tip**
>
> ### 정리정돈을 요구할 때 유용한 아이와의 대화법, '나-메시지'
>
> '나-메시지'란 부모교육 전문가 토머스 고든 박사가 창시한 용어로, 주어를 '나'로 하여 그 느낌을 가지게 된 책임이 상대방에게 있다는 느낌을 배제하면서 자신의 느낌을 솔직하게 표현하는 방법이다. 표현하는 형식은 '상황(상대방의 행동)-결과(나에게 미친 영향)-느낌(나의 느낌)'이다. 여기서 상황을 말할 땐 상대를 비난하거나 가치 판단적인 용어를 사용하지 않고, 본 대로, 들은 대로 객관적으로 묘사해야 한다. 그리고 그 결과는 나에게 미친 긍정적 혹은 부정적 영향을 말한다. 느낌은 되도록 정확한 느낌 단어를 사용하는 것이 좋다. 나-메시지는 부모의 감정을 솔직하게 말하면서 아이에게 잘못된 행동이라는 것을 스스로 알게 하고 아이들을 깎아내리거나 명령, 으름장을 놓지 않을 수 있기 때문에 부모와 아이에게 모두 좋은 방법이다. 예를 들어, 다음과 같이 말하는 것이다.

"네가 학교에서 돌아오자마자 거실을 어지럽히면, 엄마가 기분이 좋지 않아. 하루 종일 힘들게 청소했는데 정말 속상해."

그런데 자기 행동이 다른 사람을 화나게 했다는 사실을 듣고 기분 좋을 리가 없다. 그래서 아이들은 종종 부모의 나-메시지를 무시하는 경우가 있는데, 첫 번째 나-메시지에 아무 반응이 없다면 두 번째 메시지는 좀 더 강한 감정을 담아 확고하고, 강하고, 크게 보낸다. 그런데 이때, 아이가 "엄마는 지나치게 깔끔해"라고 반응하면 어떻게 해야 할까? 화가 나서 자기 방어를 하기에 급급해져 "그렇지 않아" "말대꾸 하는 거야?"라고 화를 내버리면 절대 안 된다.

아래 대화처럼 아이의 말을 적극적으로 듣고(아이가 한 말을 다시 반복해서 말하는 것), 이해와 수용의 태도를 보이면 아이의 마음이 열리면서 부모의 감정도 이해하는 방향으로 나아갈 수 있다.

"내가 지나치게 깔끔하다고 생각하니?"
"응."
"그럴지도 모르지. 하지만 내가 한 일이 아무 소용없이 되어버린 걸 보면 속이 상한단다."

나-메시지는 아이와 갈등이나 문제가 생겼을 때 사용하면 유용하며, 칭찬과 같은 긍정적인 감정 표현에도 사용할 수 있다.

부모가 가르쳐주는
삶의 기술, 정리

교과서에 제대로 실려 있지 않은 정리 교육

정리하는 방법에 대해 배운 적이 있는가. '정리도 가르쳐야 되나?' 라고 생각할지 모르겠지만, 나는 정리 학교나 정리학과를 만들고 싶을 정도로 정리에 대해 알려주고 싶은 것이 많다. 종종 오프라인 모임이나 교육에서 만난 선생님들은 내 책을 통해 정리를 배우고, 아이들에게도 가르쳐주기 위해 개인적인 노력을 기울인다는 얘기를 한다. 뿌듯하고 감사한 일이다. 그중 가장 기억에 남는 인천의 최용헌 선생님의 사례다.

그는 10년간 교편을 잡으며 '어떻게 하면 아이들이 공부를 잘할 수 있을까'를 고민하다가, 공부 못하는 학생들의 사물함과 책상서랍, 책가방이 '정리가 잘되어 있지 않다'라는 사실에 주목하게 되었다고 한다. 공부를 잘하는 학생들 중에서도 정리를 잘 못하는 학생이 있긴 했지만, 공부를 못하는 학생들은 한결같이 정리정돈 상태가 엉망이었다. 그것에 대해 기이하게 생각하던 어느 날 《하루 15분 정리의 힘》 책을 읽고, 아이들에게 정리를 제대로 가르쳐봐야겠다는 결심을 하게 되었다.

먼저 교과서에서 정리를 가르칠 수 있는 부분이 있는지 살폈다. 다행히 5, 6학년 실과 교과서에 2페이지 분량이 있었지만 분량도 적고 내용도 매우 실망스러웠다. "쾌적한 주거 환경을 유지하려면 올바른 정리정돈 방법과 청소 방법을 알고 실천하여야 합니다"라고 시작된 내용은 애매모호한 표현으로 가득했다.

- 사용한 물건을 제자리에 둡니다.
- 책상 서랍을 깨끗하게 정리합니다.
- 벗은 옷을 바르게 정리합니다.
- 내 방을 청소합니다.

이 내용대로 가르쳤다가는 '그래서 어떻게?'라는 의문이 들거나, 정리에 대해 아무것도 머릿속에 남는 것이 없을 것이다. 그래서 그는

《하루 15분 정리의 힘》 책에서 배우고, 직접 실천해서 유용했던 방법들을 직접 가르치기로 했다.

❋ 필요 없는 것은 버리거나 필요한 사람에게 줍니다.
❋ 같은 종류끼리 모읍니다.
❋ 되도록 쌓지 말고 세워서 보관합니다.

교과서에 나온 내용과 비교해봤을 때 어떤가. 이것이야말로 올바른 정리정돈 방법이 아닐까. 그의 노력은 거기에서 그치지 않았다. 종례시간에 사물함을 열게 하고, 하나하나 검사를 했다. 그런데 생각보다 시간이 많이 걸리고, 그러다 보니 종례시간도 늦어져서 아이들의 민원이 발생했다.

'성적이 좋지 않은 아이들이 정리를 못한다. 또 그 아이들은 숙제

〰〰〰 사물함이 엉망인 아이들은 수업 준비가 잘 안 된다.
〰〰〰 수업에 필요한 교재, 준비물들이 모두 잘 정리되어 있는 모습

> ★ 정리 방법과 순서
> 1. 필요없는 것 처리
>   (버리거나 필요한 사람 주기)
> 2. 같은 종류끼리 모으기
> 3. 되도록 쌓지 말고 세우기
>
> 아이가 정리를 잘 했을 경우 아래 빈 칸에 괄호와 같이 써주세요.
> (○○이가 자기 방과 물건을 잘 정리하였습니다. ○○○부모님)

~~~ 주말 동안 정리를 했는지 부모님께 확인을 받게 했다.

를 잘 안 해오고, 준비물을 잘 안 챙긴다. 그렇다면 숙제와 준비물을 잘 안 챙겨 오는 아이들에게만 일단 집중해서 정리를 시켜야겠다.'

그는 숙제를 안 하거나, 준비물을 안 챙겨온 아이들에게 벌을 주는 대신 사물함과 책상서랍, 가방을 정리하게 했다. 그랬더니 정리도 하게 되고, 정리가 안돼서 발생된 문제들도 해결할 수 있었다. 물론 나머지 아이들에게는 주말에 다른 숙제를 주지 않는 대신, 정리 확인서를 나누어 주고, 부모님께 확인 사인을 받게 했다.

'○○가 자기 방과 물건을 잘 정리하였습니다. ○○ 부모님.'

아이들은 어느덧 숙제로, 벌로 정리를 하는 것이 아니라 스스로 정리를 했다. 사물함을 정리하고, 책상서랍을 정리하고, 책가방을 정리하는 모습이 자연스러워졌다. 책을 안 가져오거나, 준비물을 안 챙겨오는 학생들도 눈에 띄게 줄어들었다. 이것이 성적에는 어떤 영향

을 미칠지는 두고 봐야 할 일이었지만 그는 확신했다. 수업 태도가 바뀌면 학습에도 분명 좋은 영향을 미칠 것임을, 그리고 자신도 어른이 되어서야 제대로 배운 정리를 아이들은 초등학교 때 배웠으니, 그의 삶에 긍정적으로 번지고 있는 정리의 유익이 지금부터 나비효과처럼 번져나갈 것임을 말이다.

교과서에 없는 그의 정리교육은 앞으로도 계속될 것이다.

정리를 가르쳐야 하는 근본적인 이유

정리는 분명 학습에 긍정적인 영향을 미친다. 그러나 학습의 측면을 넘어 자녀를 양육하는 측면에서 정리의 근본적인 목적이 있다.

부모들은 장차 내 아이가 '거친 세상을 자기 힘으로 헤쳐 나가지 못하면 어떻게 하나' 걱정스럽다. 대부분은 자녀가 좋은 대학을 다니고 대기업에 입사하면 남 보란 듯이 잘살 것이라 기대한다. 그래서 '알파 부모' '타이거 부모' '헬리콥터 부모'가 되어 자녀의 성적과 스펙을 위해 시간적, 경제적 지원을 아낌없이 쏟아붓는다.

그런데 문제는 성적과 대학이 아이들의 미래를 책임져주지 못한다는 것이다. 왜냐하면 요즘은 명문대생들조차도 취업난을 겪으며, 번듯한 전문직 종사자들도 무한경쟁 앞에서 살 길을 도모하지 않으면 안 되기 때문이다. 어떤 이들은 사회생활에 적응하지 못하고 경제적 자립을 못 한 채 부모에게 기생하는 '캥거루족'이 되기도 한다.

이러한 세태를 피부로 느끼게 만드는 조사 결과가 있다. 보건복지부가 2016년에 전국 성인 5,000여 명을 대상으로 실시한 조사에 의하면 성인 네 명 중 한 명은 정신 질환에 시달리고 있으며, 특히 20대는 주요 우울장애 위험도가 60대보다 다섯 배 높고, 불안장애 위험도는 두 배 이상 높다고 한다. 알코올, 니코틴 사용 장애 위험도는 네 배 이상 높았다. 진정한 성인으로 나아가는 첫 시작점부터 빨간 신호등이 켜진 셈이다.

어쩌면 점점 더 복잡하고 예측 불가능한 미래사회에서 우리 자녀들에게 진짜 필요한 것은 좋은 성적이나 대기업 입사가 아닌, '세상을 살아가는 법' '진정한 성인으로 독립하는 법'이 아닐까? 그런 방법을 가르치는 것은 학원에 보내고, 쪽집게 과외를 시키거나 입시 정보를 수집하는 것보다 쉬운 일이 아니다. 그러나 걱정하지는 말자. 아이에게 '정리'를 가르치면 된다. 정리는 아이 스스로 삶의 주인이 될 수 있는 인생의 기술이다.

정리는 사회생활을 위한 기본기

어느 날 정리력 카페에 '정리정돈으로 원하는 회사에 입사했어요!'라는 제목의 글이 올라왔다. 대학 졸업을 앞둔 취업준비생이었던 강쏘공 님이 이력서에 취미와 특기를 정리정돈으로 적고, 평소 입사를 원했던 기업에 당당히 합격했다는 것이다. 면접에서 한 임원은 "요즘 젊은 친구들이 정리에 관심도 없고 안 하려 하고 또 못한다고 생각해왔는데, 이력서를 보고 좀 놀랐습니다"라고 말했다고 한다. 강쏘공 님의 취업 성공 스토리는 거기서 끝나지 않았다. 입사하자마자 정리정돈으로 유명인사가 되었고, 사원들의 책상이나 공용 카페테리아, 서류창고 등 회사 내 정리가 필요한 곳에 주도적으로 참여를 했더니 사내에서 실시한 환경개선 발표대회에서 그간의 기여를 인정받아 우수상을 받게 되었다는 것이다. 카페 회원들은 그녀의 성공적인 사회생활의 첫 출발을 축하해주었다.

나는 강쏘공 님의 사례를 들으며, 드라마 〈미생〉에서의 두 주인공을 떠올렸다. 스펙이 출중하고 엘리트 코스를 밟아 입사한 정규직 신입사원 장백기와 프로바둑 기사의 꿈이 좌절된 후 알바를 전전하다가 계약직으로 입사한 장그래. 두 젊은이들이 사회생활을 시작하는 방법은 굉장히 달랐다. 장백기는 성과가 드러나는 큰일에만 매달려 작은 실수를 하거나 기본적인 것을 간과한다. 반면 장그래는 작은 일도 성실하게 임하고, 기본에 충실한다. 장백기의 상사는 그런 장그래의 모습을 보며 이렇게 한마디로 표현한다.

"정답은 모르지만 해답을 아는 사람이 있다."

사회에 나간다는 것은 복잡한 문제를 해결하는 현장으로 나온다는 말과 같다. 입시 준비와 스펙 쌓기에만 매달려온 아이라면 있는 정답을 찾는 것에 익숙한 나머지, 현실의 문제들을 해결해야 할 때는 속수무책으로 무기력해지는 경향이 있다. 그러나 작은 일의 가치를 아는 사람은 기본에 충실하고, 현실 속 문제를 해결하는 데 익숙한 사람은 문제의 본질을 잘 꿰뚫고, 끈기 있게 고민하는 경향이 있다.

내가 어렸을 때는 집안일을 함께 하고, 청소하고 정리하는 것이 자연스러웠다. 그러나 요즘 아이들은 그런 일은 부모의 일로 생각하고, 분가나 결혼으로 독립을 하고나서야 마지못해 하게 된다. 회사에서 임원들이 정리정돈에 관심 없는 요즘 젊은이들의 모습을 보며 우려의 목소리를 내고, '기본에 충실하자'라는 경영 원칙을 내세우는 것도 그 이유 때문일 것이다. 정리정돈은 자원을 통제해서 원하는 결과를 만드는 일련의 활동이다. 또 정리정돈은 기본에 충실하는 힘, 실수나 시행착오를 줄이는 디테일의 힘을 길러줄 수 있다. 그러므로 정리정돈을 잘하는 아이는 사회에 나갔을 때 성공적으로 적응할 수 있는 기본기이자, 성과를 만들 수 있는 자양분이 있는 사람이 될 것이다. 정리정돈이 취미와 특기가 되는 시대다.

정리는 좋은 경제교육이 된다

고물가, 저성장 시대의 기로에 들어서면서 하루하루 살림살이가 더 팍팍해지고 있음을 온몸으로 느끼는 요즘, 청년들은 평균 임금 '88만 원 세대'라는 딱지를 가지고, 취준생으로, 비정규직으로 살아가고 있다. 자녀가 경제적으로 안정된 삶을 사는 것은 부모의 가장 큰 바람일 것이다. 하지만 많은 언론에서는 돈을 많이 버는 것보다 지출을 관리하는 것이 더 효과적인 생존전략이 되고 있다는 기사를 내놓는다.

지출 관리의 중요성은 어제오늘의 이야기가 아니다. 온갖 재테크 책에서 꼭 빠지지 않는 내용이며, 세계 최고의 부자들 중, 특히 자녀 교육에서 탁월함을 보이는 유대인들은 어린 시절부터 합리적 지출을 위한 경제교육을 실천한 것으로 잘 알려져 있다.

대표적인 사례는 인류 역사상 최고 부자 7위인 석유왕 존 록펠러의 이야기다. 그의 어머니는 독일계 유대인이었는데, 자녀에게 일주일 단위로 용돈을 주고 사용처를 정확하게 용돈기입장에 적도록 했다. 용돈을 쓸 때는 꼭 가이드에 따르도록 했는데, 3분의 1은 개인적으로 쓰고, 3분의 1은 저축을 하며, 나머지 3분의 1은 기부를 하게 한 것이다. 거기서 그치는 것이 아니라 가이드를 잘 지키는 아이에게는 용돈의 5퍼센트를 상으로 주고 저축이나 기부를 하지 않으면 벌금을 5퍼센트 내게 했다.

이렇게 용돈기입장을 쓰게 하는 것은 경제교육의 기본으로 잘 알려져 있다. 이것 외에 생활 속에서 자연스럽게 합리적인 소비, 나눔과 기부, 경제활동을 하게 할 방법은 없을까? 정리 과정에 아이를 참여시키자. 정리를 하다 보면 자연스럽게 경제관념을 세워주고, 합리적인 지출 방법을 생각하게 한다.

허니데이 님의 초등학교 6학년 딸의 취미는 예쁜 물건을 사 모으는 것이었다. 아이는 유튜브를 통해 자기 물건을 소개하고, 교환하고, 구입하기도 했다. 점점 쌓여가는 딸의 물건들을 탐탁지 않게 여기던 그녀는 예쁜 문구 한 박스를 사고 싶다는 말에 한 가지 제안을 했다.

"안 쓰는 물건 20개만 버리면 사줄게."

딸아이는 고민이 많은 듯 했지만, 그래도 새 물건에 욕심이 나는지 제일 마음에 안 드는 것부터 하나씩 고르기 시작했다. 그랬더니 비울 물건이 거의 한 박스가 나왔고, 약속한 대로 문구를 사주기로 했다. 그런데 놀랍게도 아이는 거절하며 이렇게 말했다.

"엄마, 사실 그 물건이 꼭 필요한 것은 아니었어. 그걸 사면 서랍이 또 다시 꽉 찰 텐데 난 지금의 여유로운 공간이 좋아."

안 쓰는 물건을 한 박스나 비우면서 아이는 '새로 산 물건들도 언젠가 버려지는 게 아닐까?'를 생각한 것이 아니었을까? 아이는 갖고 싶어 하던 문구를 필요와 불필요의 가치로 다시 판단했고, 여유로운 서랍공간의 가치를 더 크게 생각했다. 정리가 충동구매를 막고, 물건의 본질에 대해 생각하게 한 것이다.

벼룩시장에 참여하는 것 역시 아이들에게는 매우 소중한 경험이다. 까치발 님은 토요일에 열리는 지역 벼룩시장에 아이들과 함께 판매자로 참여했다. 정기적으로 열리는, 아이들이 중심이 되는 경제장터였다. 아이들은 평소에 정리하면서 팔 것들을 박스에 하나씩 넣어두고, 벼룩시장에 들고 나갔다. 아이들을 위해 참여한 벼룩시장이었지만 까치발 님도 느끼는 바가 있었다. '물건 살 때 진짜 고민하고 고민해서 마음에 드는 것을 사야 한다'는 것이다. 아이들도 마찬가지였는지, 처음 벼룩시장에 참여했을 때는 다른 판매자들의 물건을 사더니, 두세 번 참여하고 나서는 구경조차 하지 않았다. 한번은 그녀가 벼룩시장에서 '뭐 좀 살까' 하고 둘러보던 중, 아이들이 슬며시 다가와 이렇게 말하는 것이었다.

"엄마, 뭐 사시게요? 심플라이프 아니에요?"

안 쓰는 물건을 정리하고, 값비싸게 산 물건을 반값에 내다 팔고, 불필요한 물건을 팔아 융통할 수 있는 현금으로 다시 바꾸는 것, 그 현금으로 고민해서 꼭 필요한 물건을 구입하는 데 쓰는 것, 이것이야말로 살아 있는 경제 교육이다. 게다가 집 안에 사용하지 않고 방치된 물건들을 끊임없이 골라내는 활동은 우리가 얼마나 불필요한 물건들을 충동적으로 구매하고, 사용하지는 않는지를 느끼게 한다.

경제교육만 되는 것이 아니다. 쇼핑백과 박스들을 정리하기 시작하면 마트에서 아무렇지 않게 받는 비닐봉지 등 포장재 하나하나가 신경에 거슬리게 된다. 안 쓰는 물건들을 버리며 그 물건을 만들기 위해 훼손된 자연과 환경으로까지 사고가 확장되기도 한다. 경제교육에서 환경교육까지 되는 셈이다.

정리로 배려하는 아이 만들기

　내가 초등학교 5학년 때 겪은 정리에 대한 에피소드가 있다. 어느 날 쉬는 시간에 교실 뒤편 쓰레기통이 엎어져서 쓰레기들이 쏟아져 있는 광경이 눈에 들어와 쓰레기를 다시 잘 담아 제자리에 세워 놓았다. 수업이 시작된 후 담임 선생님은 나를 일으켜 세웠다. '누가 언제 쓰레기통을 바로 세우는지 지켜봤다'는 것이다. 선생님은 반 아이들에게 "우리가 쾌적한 환경에서 공부할 수 있게 해준 선현이에게 고맙다는 뜻으로 박수쳐주자"라고 말했다. 당시 나는 말수가 적고 수줍음이 많은 아이였는데 그때를 계기로 반 친구들과 더 친해질 수 있었다.

　정리정돈이 다른 사람들에게까지 기쁨을 준다는 것을 처음으로 깨달았던 순간이었다. 기본적으로 정리는 자신을 위한 거지만, 다른 사람에 대한 배려이며 사랑으로 확장될 수 있다. 직장생활을 할 때는 "윤 대리가 정리한 거지? 덕분에 필요한 걸 찾았어" "윤 팀장님이 정리해주셔서 재고 파악이 쉬워졌어요"라는 인사를 들었고, 비용을 받고 서비스를 제공하면서도 고객들로부터 "수고 많으셨어요. 감사합니다"라는 인사를 받고 있다. 장문의 메시지나, 선물을 보내주는 고객들도 있다. 정리력 카페에서도 많은 회원들이 정리력 프로젝트를 시작하고서 가족들로부터 감사의 인사를 받았다거나, 친구 집에 가서도 정리정돈을 도와줘서 친구가 기뻐했다는 이야기는 읽는 이마저 미소를 짓게 한다.

아이에게 정리정돈의 습관을 들여주자. 정리정돈이 습관이 되면 자연스럽게 공간이나 물건에 대한 관찰력이 생기고, 그 공간에 있는 사람이나 물건을 쓰는 사람에게까지 관심을 가지게 된다. 그뿐만 아니라 나의 작은 행동이 다른 사람들에게 기쁨을 줄 수 있다는 경험은 자신이 사랑받을 만한 가치가 있는 소중한 존재임을 느끼게 할 것이다.

이쯤 되면 아이들에게 정리정돈을 가르쳐야 하는 이유가 분명해지지 않았는가. 정리정돈할 시간에 공부 한 자 더 하는 게 낫다는 생각은 사라졌을 것이다. 아이가 진정한 삶의 주인이 되길 원한다면, 먼 훗날 멋진 성인으로 사회에서 당당히 홀로서기를 바란다면 이제 정리정돈을 가르쳐줄 시간이다.

우리 아이는 어느 정도로 정리하고 있을까?

[공간]

☐ 늘 부모가 치워준다. 어지를 줄만 알지 정리할 줄 모른다.
☐ 준비물이나 공책, 교과서, 가정통신문을 자주 잃어버린다.
☐ 사 달라고만 하고 사용하지 않는 물건이 꽤 있다.
☐ 필요한 물건을 제때 찾지 못한다.
☐ 어렸을 때 가지고 놀았던 물건들을 버리지 못하게 한다.
☐ 물건이 필요할 때 엄마를 찾는 일이 빈번하다.
☐ 책상 위에 학습과 관련 없는 물건, 혹은 잡동사니 무덤이 있다.
☐ 방바닥에 쓰레기가 떨어져 있어도 치울 생각을 하지 않는다.
☐ 옷을 갈아입고 빨래통에 넣지 않고 그냥 방치해둔다.
☐ 청소를 안 하거나 청소할 줄 모른다.

[시간]

☐ 집에 들어오면 바로 손을 씻거나 옷을 갈아입지 않는다.
☐ 자거나 일어나는 시간에 대한 규칙이 없다.
☐ 밥을 챙겨주면 바로 먹지 않고 잔소리를 해야만 먹는다.
☐ 학교나 학원에 지각을 자주 한다.
☐ 말하기 전에는 숙제를 하거나 준비물을 챙겨놓지 않는다.

☐ 방학 생활계획표는 그냥 계획표일 뿐이고 지키지 않는다.
☐ 한 시간 이상 집중해서 책상에 앉아 있지 못한다.
☐ 학습지 선생님이 오기 전에 다 해놓은 적이 없다.
☐ 엄마 몰래 학원에 빠지거나 가기 싫다는 말을 자주 한다.
☐ TV를 자주 보거나 스마트폰에 빠져 있다.

[관계]
☐ 게임 같은 걸 하면서 집에서 혼자 노는 걸 좋아한다.
☐ 친하게 지내면서도 늘 친구에 대한 불만을 입에 달고 산다.
☐ 엄마나 친구가 나서지 않으면 친구를 사귀지 못한다.
☐ 모든 친구들과 두루 친해야 한다고 생각한다.
☐ 친구의 의견이나 반응에 너무 영향을 받는다.
☐ 어른들에게 예의 없게 굴 때가 있다.
☐ 친구와 자주 다툰다.
☐ 친구와 싸우고 난 뒤 화해하는 법을 잘 모른다.
☐ 친구의 부탁을 잘 거절하지 못한다.
☐ 부모의 말을 잘 안 듣고 무시할 때가 있다.

20개 이상 : 정리 신생아형

정리할 게 너무 많아서 어디서부터 가르쳐야 할지 막막하시죠? 아이방에서 안 쓰는 물건부터 함께 비워볼까요?

15개~19개 : 정리 걸음마형

정리하라고 잔소리해야 겨우 정리하는 척하는군요. 매일 시간을 정해서 함께 정리해보는 건 어떨까요?

10개~14개 : 정리 잠재형

스스로 정리를 잘할 가능성이 충분합니다. 아이 눈높이에 맞춰 수납하고, 규칙적인 습관을 길러준다면 아이는 더 잘할 수 있을 것입니다.

6개~9개 : 정리 엘리트형

공간, 시간, 관계 중 가장 취약한 부분을 조금 더 보완하면 곧 정리 우등생이 되겠네요. 특별히 어려움을 겪는 부분에 대해 도움을 줍시다.

5개 이하 : 정리 우등생형

아이는 이미 자기 삶의 진정한 주인으로 살고 있습니다. 옆에서 지켜봐주고 응원해준다면 아이는 자신의 할 일을 알아서 잘 해나가겠네요!

 **나는 얼마나 정리를 잘하고 있는 부모일까?**

- ☐ 집안일은 한꺼번에 몰아서 하는 편이다.
- ☐ 정리는 당연히 부모가 해주는 것이라 생각한다.
- ☐ 정리를 가르쳐야 되겠다는 생각을 해본 적이 없다.
- ☐ 정리 같은 사소한 것을 할 시간에 중요한 일을 해야 한다고 생각한다.
- ☐ 아이에게 정리를 시키면 어차피 다시 해야 하므로, 처음부터 내가 하는 게 낫다.
- ☐ 마트에 가면 자녀가 원하는 것은 거의 다 사준다.
- ☐ 중고사이트나 쇼핑어플에 자주 들어가서 아이들을 위한 장난감과 책을 구경한다.
- ☐ 박스째로 창고에 처박혀 있는 전집이나 교구가 있다.
- ☐ 장난감이 너무 많아서 감당이 안 되는 기분이다.
- ☐ 하루에 한 번 이상 집 안 정리를 하는 시간을 규칙적으로 갖지 않고 있다.
- ☐ 아이 연령대에 맞지 않는 물건(책, 장난감, 식기 등)이 있다.
- ☐ 1년 이상 지난 풀지 않은 학습지가 있지만 풀 때까지 버리지 않을 생각이다.

□ 추억이 담긴 아이 물건(기념품, 작품 등)은 버리지 못하겠다.
□ 유효기간이 지난 가정통신문, 알림장 등도 보관해놓는다.
□ 아이 물건을 둘 공간이 부족해서, 바닥에 쌓아 놓은 물건이 꽤 있다.
□ 아이가 자주 뭘 꺼내달라고 부탁한다.
□ 장난감, 문구류 등이 종류별로 분류되어 있지 않다.
□ 아이방에 각각의 물건에 대한 제자리가 없다.
□ 라벨링을 해본 적이 없다.
□ 공부하는 공간과 노는 공간이 분리되어 있지 않다.

15개~20개 : 정리 포기형

아이가 클 때까지 난장판 속에서 사는건 어쩔 수 없다고 생각하시는군요. 하지만 쉬어도 쉬는 것 같지 않고 계속해서 스트레스 받고 있는 건 아닌가요? 변화의 믿음부터 가지세요.

10개~14개 : 정리 입문형

정리에 대한 필요성을 느끼고 있지만, 진척이 보이지 않는군요. 아이에게 완벽하게 정리된 공간을 경험시키는 것이 중요합니다. 안 쓰는 물건부터 과감히 비워보세요.

6개~9개 : 정리 고수형

정리된 삶을 유지하고 계시는군요. 하지만 혼자 정리하느라 힘드신 건 아닌가요? 아이가 스스로 정리할 수 있는 환경을 만들고, 아이에게 정리를 가르쳐보세요. 자신의 정리력도 한층 더 업그레이드될 것입니다.

5개 이하 : 정리 달인형
솔선수범 정리하는 부모의 모습을 보며 아이도 자연스럽게 정리정돈 습관을 몸에 익히겠네요. 시간과 관계 정리도 관심을 갖고 좋은 습관을 익힐 수 있게 도와주세요.

2부.

실천, 아이 정리 프로젝트

아이와 함께
자라나는 공간

우리 아이가 달라졌어요!

정리력 카페에서는 회원들이 정리를 시작할 수 있는 마중물을 제시하고, 정리력을 한 단계 업그레이드 시킬 수 있는 자극을 주기 위하여 정기적으로 공모전이나 프로젝트 같은 이벤트를 연다. 올해 초에는 회원들이 가장 어렵게 느낀다는 '아이방 정리'에 대한 노하우와 팁을 공유하도록 '에피소드 공모전'을 열었다. 참여 방법은 '아이방 정리 미션'(부록 참고)을 실천한 뒤 후기를 작성하거나, 육아를 하면서 있었던 수많은 에피소드 중에 정리와 관련된 사연을 응모하면 되는 것이었다. 정리 미션은 부모가 정리를 실천하고, 아이들이 지켜야 할 정리규칙을 알려주는 것. 이 두 가지로 나뉘어져 있었다. 어떤 에피소드는 환골탈태해가는 아이방 정리 과정을 소개함으로써 용기와 자극을 주었고, 또 어떤 에피소드는 웃음과 감동을 주기도 했다. 수상작 중에 두 편을 소개한다.

아이방이 이렇게 변했답니다 (주우진∨보문동 님)

저희 집은 5살 아들 하나이고, 24평이에요. 얼마 전에 이사를 했는데, 예전에 살던 집보다 구조상 거실이랑 방이 더 작아졌어요. 그래서 더 '정리를 잘하고 살아야겠다' 싶었지요.

이것은 이사 온 직후의 모습입니다. 정리를 잘하고 싶어서 윤선현 정리컨설턴트 님 책도 사서 읽었어요. 미니멀 라이프, 풍수 인테리어 책도 빌려 봤구요. 책을 보면서 '비우는 게 제일 중요하구나' 싶었어요. 그래서 이사 후에는 집에 있던 물건을 처분하는 데 열심이었죠.

그런데 그렇게 비워도 정리가 안되는 거예요. 책 놓을 데가 없어서 여기저기 쌓아놓고, 박스째로 그대로 방치해놓고 있었어요. 책꽂이는 달랑 하나였거든요. 그에 반해 아이 책은 몇 박스나 묶여 있었구요.

그러다 운 좋게 윤선현 정리컨설턴트 님의 특강을 들었는데, 그때 그러시더라구요. "아이가 정리를 잘하게 하려면 자리를 정해줘야 합니다." 그래서 결국 책장 두 개를 들였습니다. 그와 함께 책들도 박스에서 탈출하고, 박스는 집에서 퇴출되었습니다. 버려지는 박스들을 보니 정말 어마어마하더군요.

하지만 책을 정리하니, 또 정리 안되는 하나가 있었어요. 바로 장난감. 위의 사진을 보시면 장난감 둘 곳이 없어서 거실 창문 쪽으로 놓여 있어요. 수납가구를 사야 되나 한참을, 정말 한참을 고민했어요. 괜히 짐만 하나 더 늘리는 게 아닌가 하고요.

고민 고민하다가 결국 책장 하나를 더 들였습니다. 요놈으로요. 작은방에 살포시 자리 잡게 되었죠. 아, 작은방은 컴퓨터방과 아이 놀이방으로 쓰고 있는데요. 두 개를 같이 둔 이유는, 가끔 부부가 일할 때 아이가 옆에 있고 싶어 해서요. 혹은 아이가 집중

해서 놀 때 같이 있으면서, 그 옆에서 일을 할 수도 있구요. 자, 책장을 들인 이후 어떻게 되었을까요?

오늘 아침 아들과 아빠가 휩쓸고 간 자리입니다. 널브러진 장난감들은 다양합니다. 레고, 자동차, 와플블럭, 물놀이 장난감 등등이요. 하지만 한 큐에 끝났어요. 이젠 치우는 스트레스는 거의 없어요. ^^

비법은 요겁니다. 자리 정해주기. 가운데 아래 칸은 레고, 와플블럭을 넣습니다. 뚜껑은 덮지 않아요. 아이는 바로 꺼내서 놀고 싶고,

엄마는 바로 정리해서 넣고 싶으니까요. 뚜껑은 밑에 깔았습니다.

그리고 왼쪽은 바구니에 견출지로 이름을 붙여줬습니다. 의사놀이, 주방놀이 등등이요. 아들은 자기가 갖고 싶은 것만 꺼내서 갖고 놉니다. 그리고 한 바구니를 갖고 놀 만큼 놀면, 담아 놓고 다른 바구니를 꺼내서 놀구요.^^ 근데 한 번씩 전부 다 꺼내서 놀기도 합니다. 때론 모두 통합해서 놀 때도 있어서요. 하지만 다 꺼내서 놀더라도 정리하는 건 어렵지 않아요. 그냥 널브러져 있는 걸 바구니에 넣기만 하면 되니까요.

근데 정말 골칫덩이는요. 뽀로로 정글짐이었는데요. 정말 거실 반을 차지하더라구요. ㅠㅠ 아이는 미끄럼틀도 타고, 정글짐에 올라가는 것도 좋아해서. 아, 몇 년만 참자 생각했는데 남편이 좋은 아이디어로 도와줬어요. 베란다로 옮겨왔습니다!

타지 않는 그네는 떼 버리고, 정글짐과 미끄럼틀만 살려서 베란다에 쏙 넣어놨더라구요. 그래서 이 베란다는 아들의 아지트가 되었습니다. ^^ 정리를 하니 무엇보다 아들이 좋아하고, 장난감 활용도를 높일 수 있어서 좋아요. 아이가 필요한 장난감을 바로 꺼낼 수 있으니 찾아 달라 꺼내 달라 징징거리지도 않고, 같이 치울 수도 있구요.

어때요? 저희 집 정리 잘되었나요? ^^

정리를 통해 물건의 소중함을 가르쳤어요 (줄리안맘 님)

물건이 없어야 정리도 쉬운 일인 것 같아요. 매일 아이에게 정리를 강요하기 전에 제가 먼저 비워내거든요.

정리 전 모습이에요. 엄마의 욕심으로 사들인 책, 아무 생각 없이 사들인 장난감. 이제 더 줄이고 줄이려는 노력을 하면서 아이 물건에 대한 욕심과 집착에서 벗어났어요.

정리하고 돌아서면 어질러지는 게 아이 물건이죠? 저도 그랬어요. 그런데 물건을 비우고 제대로 정리를 하니까, 그제야 정리의 굴레에서 벗어나게 되더라구요. 이제 관건은 정리력과 유지력 키우기예요. 도전! 아이에게 정리를 가르치면서 장난감도 사랑하고 아껴야 더 소중해진다고 이야기해줬어요.

그렇게 소통한 2년. 장난감방에서 아이가 스스로 정리를 하는 모습입니다. 이제 엄마보다 정리를 잘해요.^^ 앞으로 더 미니멀한 줄리안맘이 되길, 스스로 정리하는 어린이 줄리안이 되길 바랍니다. 비우면 비울수록 행복해지는 내일이에요.

 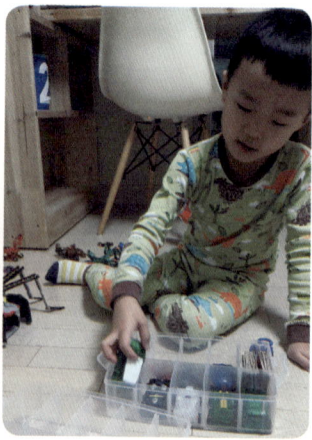

아이의 행동에 변화를 주는 공간을 만들자

공모전에 올라온 회원 님들의 에피소드를 보면서 공통점 두 가지를 발견할 수 있었다. 정리된 아이방을 만들기 위해 계속 고민하고, 시도했다는 것, 그리고 정리된 방은 엄마에게도, 아이에게도 모두 긍정적인 변화를 일으켰다는 것이다. 이렇듯 환경을 바꾸는 것은 아이들에게 잔소리를 하거나, 강압적으로 대하지 않고도 그들의 행동을 바꿀 수 있는 유용한 방법이다. 세계적인 임상심리학자이자 상담가인 토머스 고든 박사가 《부모 역할 훈련》이라는 책을 통해 아이의 행동을 좋게 유도할 수 있는 환경에 대해 소개한 것을 정리하면 다음과 같다.

1. 마음대로 하는 공간을 만든다

'몰입' 분야의 전문가 칙센트미하이는 집에서 자주 무언가에 몰입하는 아이는 스스로 모든 것을 할 수 있는, 자기 혼자만의 영역이라고 느낄 만한 장소를 가지고 있다고 말한다. 여기서 혼자만의 영역이란 거창한 장소가 아닌, '여기라면 내가 하고 싶은 것을 할 수 있겠다'라고 생각할 수 있는, 부모의 제한이 비교적 자유로운 공간을 말한다. 그러나 그 공간이 반드시 클 필요는 없다. 마음대로 파헤치고, 두들기고, 만들고, 그림 그리는 등, 자기 욕구를 만족시키는 어떤 공간이 있다면 아이들은 제한된 공간을 받아들이게 되어 있다.

2. 흥미로운 장소로 만든다

아이의 공간에 흥미로운 것을 두는 것은 문제행동을 멈추게 하거나 미리 예방하게 하는 좋은 방법이다. 아이들의 문제행동은 어떤 것을 하지 못하게 했을 때 그것에 대한 반작용으로 나타나는 경우가 많다. 아이가 마음대로 하면서 그림을 그릴 화판을 둔다거나, 인형놀이를 할 인형극장과 인형집, 마음대로 찢을 수 있는 신문지, 미술도구를 두는 등 흥미로운 일들이 한껏 기대되는 공간을 만들어주자.

특히 새로운 장난감은 아이의 흥미를 끌어내기 좋다. 그런데 많은 장난감을 한 번에 펼쳐 놓으면 눈에 보이는 장난감에 대한 흥미도가 떨어질 수 있다. 그렇기 때문에 장난감을 자주 사주거나, 있는 장난감을 죄다 꺼내놓는 것보다는 가지고 있는 것을 충분히 놀게 한 뒤에 바꿔주는 것이 흥미로운 공간을 만드는 데 효과적이다.

3. 자극이 없는 환경을 만든다

아이들에게 자극이 없는 환경이 필요할 때가 있다. 잠이 들기 직전이 그렇다. 아이가 기를 쓰고 잠을 자지 않으려고 떼를 쓰거나, 밥 먹기를 거부할 때 부모들은 매우 난처해하고 곤혹스러워한다. 그러나 이런 상황이 당황스러운 것은 아이도 마찬가지다. 신나게 자극된 상태에서, 갑자기 차분하고 얌전해지는 것이 얼마나 어려운 일인가.

아이가 잠을 잘 자려면 잠들기 30분 전에는 과격한 놀이나 스마트폰 사용을 자제시키고, 잠자는 방은 따뜻한 간접 조명을 활용해서 어두우면서 아늑하게 만든다. 식사 시간에는 TV를 끄고, 놀이 공간과 밥 먹는 공간을 분리해서 식사에만 집중할 수 있게 한다. 가장 추천하는 방법은 타이머를 활용하는 것인데, 타이머가 울리면 식사 시간이 끝나고, 밥을 먹지 못한다는 사실을 알려주고, 타이머가 울리면 절대 타협하지 않고 그릇을 치운다.

4. 스스로 통제할 수 있는 환경을 만든다

아이를 돌보다 보면 뒤치다꺼리하는 것만으로 하루가 훌쩍 지나가버린다. "아빠, 나 저거 꺼내줘." "엄마, 나 물 줘" 등등. 그런데 부모가 일일이 다 해주는 것은 아이들 역시 바라는 바가 아니다. 아이들은 자라면서 점점 어른처럼 행동하고 싶어 하고, 자율적으로 행동하고 싶어 한다. 그러지 못하면 부모를 성가시게 하거나, 아예 못 하겠다고 포기하고, 징징대고 울음을 터뜨리는 것이다.

아이들이 스스로 물건을 통제할 수 있도록 아이의 눈높이에 맞춘 환경을 만들어주자. 예를 들어 자신이 입고 싶은 옷을 꺼낼 수 있게 손이 잘 닿는 곳에 정리하고, 원하는 장난감을 옮길 수 있도록 가볍고 적당한 크기의 바구니에 장난감을 담아준다. 가방 걸이를 낮게 한다거나, 거는 것도 힘들어한다면 큰 바구니를 주는 등 아이 스스로 하기 쉽게 다양한 방법을 시도하고 연구하는 노력이 필요하다.

5. 아이들이 수용할 만한 환경을 만든다

아이가 가지고 놀면 안 되는 물건을 가지고 논다면 무턱대고 '안 돼'라고 뺏지 말고 대용품을 준다. 아직 읽지 않은 잡지를 찢어버리려고 하면 필요 없는 잡지를 대신 주고, 벽지에 크레용으로 낙서를 하려고 하면 큼지막한 포장지를 줘서 마음껏 그릴 수 있게 한다. 부모가 부드럽고 차분하게 대용품을 건네주면 아이는 울음을 터뜨리거나 떼를 쓰지 않고 얌전하게 받아들일 것이다.

환경에 변화가 생겼을 경우에도 배려가 필요하다. 아이들은 변화에 매우 민감하다. 하지만 적응도 빠르기 때문에 부모가 미리 말해주기만 하면 아무런 문제가 없을 것이다. 부모와 떨어져 지내야 하는 상황이라면 그 상황에 대해 설명해주고, 이사를 가게 되었다면 몇 주 전부터 아이에게 새로운 집에서 자야 되고, 새로운 친구들을 만나게 될 것이라고 말해주는 것이 새로운 환경에 적응하는 데 도움이 된다.

6. 안전한 환경을 만든다

아이가 스스로 통제할 수 있는 환경을 만들되, 안전을 고려하는 것은 필수다. 소파나 침대 등 아이가 잘 올라가는 공간의 주변을 비우고, 안전 매트를 깐다. 계단이나 나가면 안 되는 현관에는 안전문을 설치하고, 창문 아래에는 아이가 딛고 올라갈 수 있는 가구를 두지 않는다. 날카로운 모서리에는 안전 덮개를 씌우고, 식탁보를 잡아당겨 위의 물건이 떨어지지 않도록 식탁보를 사용하지 않는다.

욕실 바닥은 미끄러지기 쉬우므로 미끄럼 방지가 돼 있는 바닥재나 매트, 스티커를 활용한다. 또 전기 콘센트에 안전 덮개를 씌우고, 늘어진 전선이 없게 전선 정리를 깔끔하게 한다. 목욕용품이나 청소용품은 아이가 만질 수 없게 높은 선반에 수납하고, 화장대에 있는 유리병은 깨지지 않게 치우고, 매니큐어, 아세톤 등은 서랍이나 캐비닛에 넣고 잠금장치를 한다.

7. 아이의 의견을 반영한 환경을 만든다

아이는 커갈수록 프라이버시가 중요해지고, 자신의 환경에 대한 의견이 생기기 시작한다. 이럴 때는 스스로 자기 방과 물건을 관리할 수 있도록 맡겨야 한다. 예를 들어, 아이방에 들어갈 물건이나 가구, 인테리어를 바꿀 때는 아이의 의견을 반영하는 것이 좋다. 또 개인적인 물건을 놓을 공간과 수납도구만 마련해주고, 용돈을 한 달 단위로 주고, 원하는 물건을 구입하게 하는 게 좋다.

시기에 따른 환경의 변화와
놓쳐서는 안 되는 정리교육

공간의 변화는 아이의 성장을 반영해야 한다. 처음에는 엄마의 품이 곧 아이의 공간이었지만, 커가면서는 점차 독립적이고 프라이버시가 존중되는 공간으로, 학교로, 사회로 나아가게 된다. 이에 맞춰 아이의 공간 정리 또한 바뀔 필요가 있다.

그런데 컨설팅을 가보면, 아이가 갓난아기이면 부모의 장롱에 옷을 같이 넣거나 가구 한구석에 기저귀를 보관하는 등, 아이의 전용공간을 따로 만들지 않는 경우가 많다. 그때는 어느 정도 이해가 가지만 초등학생이 되었는데 제대로 된 공간을 갖지 못한 아이들도 있다. 아이가 숙제를 해야 할 때마다 매번 식탁 위 물건을 치워야 한다든가, 아이방에 있어서는 안 될 살림살이나 터울이 많은 형제의 물건들이 방치되어 있는 경우도 있다.

부모는 아이의 성장에 따라 아이가 집에서 해야 할 일들을 세심하게 가르쳐줄 필요도 있다. 걸음마를 하고 말을 알아듣기 시작하면 조금씩 정리에 참여시키자. 헌 기저귀를 주고 "쓰레기통에 버리고 오세요"라고 말하면 쓰레기통을 찾아 넣고 뿌듯하게 돌아온다. 장난감은 여기, 양말은 여기, 이런 식으로 아이들에게 물건의 제자리를 가르쳐주고, "제자리에 갖다 놓고 올래?"라고 말한 뒤, 성취감을 느낄 수 있도록 칭찬을 해주면 즐거운 마음으로 정리정돈을 시작할 수 있다. 물론 아이가 제대로 깔끔하게 정리하고 보관하리라고 기대는 하지 말자. 아이들에게 정리를 시키고, 일일이 간섭하고 잔소리하게 되면 흥미가 사라진다. 시간이 지나면 지날수록 나아지는 일이다.

《헬리콥터 부모가 자녀를 망친다》의 저자 줄리 리스콧-헤임스는 아이들이 쉽게 할 수 있는 집안일들에 대해 다음과 같이 제안한다. 시기별 정리법과 정리교육에 대해 자세히 알아보자.

영유아기 : 아이가 있을 공간을 만들어준다

스스로 움직일 수 있게 되는 만 1세 전후부터 자기주장이 생기는 만 3세까지는 엄마와 아이는 일심동체처럼 함께하게 된다. 아이들이 노는 장소도 엄마 주변이고, 잠깐 혼자 놀더라도 곧 엄마 곁으로 오게 된다. 이 시기는 엄마 곁이 곧 아이들의 공간이다. 하지만 부모가 일을 하고 있을 때 아이도 혼자 놀 줄 알아야 한다. 대신 집 안의 여러 가지 신기한 물건들을 탐험하게 한다. 평소 주방이나 거실 한구석에 아이들의 공간을 마련해주고, 온갖 살림살이들을 넣어주는 것이다. 그러면 아이들도 엄마가 일을 하거나 책을 읽는 동안 알아서 그 서랍장을 열고 혼자만의 놀이를 시작할 것이다.

정리교육

아이들은 어른들이 하는 일을 흉내 내는 것을 좋아하고, 다 자란 것처럼 대접받는 것을 즐긴다. 밀대를 주면서 바닥을 밀라고 하거나, 걸레를 주면서 먼지를 닦으라고 하든지, 빨래 뭉치를 세탁실로 가져가 바구니에 넣으라고 시키면 좋아한다. 그러나 제대로 하리라는 기대는 하지 말아야 한다. 단지 참여하고 부모를 거들면서, 자신이 일을 수행할 수 있다는 자신감만 느끼게 하면 된다.

취학 후 : 거실 가까운 곳에 아이방을 만든다

발달심리학에서는 10세가 되면 '나'라는 자아가 완전히 형성된다고 한다. 그러므로 초등학생이 되면 점차 자신의 공간에 대해 자각하기 시작하므로, 취학하면서부터는 거실과 가까운 곳에 방을 주고 점차 아이의 물건과 공간을 옮겨주어야 한다. 이때 누가 쓰던 방이라든가, 창고로 쓰던 방을 내주는 경우, 아이 물건이 아닌 것들은 완벽하게 정리해야 한다. 그래야 아이가 자기 방에 애정을 가질 수 있다. 또 아직 독립적인 공간이 익숙하지 않은 상태이기 때문에, "학교에서 돌아오면 책가방은 자기 방에 두는 거야" "숙제는 거실에서 해도 끝나면 방에 가져다 놓을까?" "천장에 야광별을 보고 있으면 밤에 혼자 자기가 무섭지 않겠지?" 이런 식으로 의논하면서 아이들이 자기 방에 익숙해지게 도와주고, 자기 방에서 해야 할 일들을 가르쳐주는 게 좋다.

정리교육

초등학생이 되면 개인 소지품을 잘 관리하도록 가르칠 수 있다. 옷을 개어놓는다든지 학용품을 사용하면 스스로 제자리에 넣는다든지, 간단한 청소도구를 활용해서 자신의 방을 청결하게 관리할 수도 있다.

고학년이 되면 집 안의 여러 가지 일을 거들 수도 있다. 장을 봐 오면 주방에 가지런히 펼쳐놓는다거나, 포장지를 뜯는 것을 도울 수 있다. 또한 식사 시간에는 식탁에 수저와 젓가락을 차리고, 식기세척기가 다 돌아가면 접시들을 종류별로 꺼내놓을 수도 있다. 이때도 마찬가지로 어른들처럼 완벽하게 해놓으리라고 기대하지 말자. 겨우 초등학생일 뿐이다. 간섭할수록 아이들에게는 하기 싫은 일이 될 뿐이다.

아이에게 무엇인가를 시킬 때는 구체적으로 지시하자. 예를 들어, 아이 본인 또는 가족들이 음식물을 엎질렀을 때 어떤 부모는 화를 내면서 본인이 해결하는데, 이런 일들은 아이에게 협동과 문제해결을 가르칠 수 있는 좋은 기회다. 아이에게 차분하게 "걸레를 가져와라"라고 말하는 것이다. 걸레 혹은 청소기를 가져와서 쏟은 것을 쓸어 담으라고 지시하고, 부모는 쓰레기통을 열고 기다리는 등의 협동하는 모습을 보여준다. 해결된 뒤에는 "다 치웠네"라고 이야기하며 만족감을 표시하고, "도와줘서 고마워"라고 말한다면 아이는 다음번에 동일한 일이 생기더라도 당황하지 않고 잘 해결할 수 있을 것이다.

중학생 이상 : 프라이버시를 존중하고 집중이 잘되는 방을 만든다

이때부터는 자기 방을 스스로 관리하도록 맡겨둔다. 대신 자신의 영역에서 해도 되는 일과 해서는 안 되는 일의 규칙을 가르쳐주어야 한다. 또 이 시기에는 학습에 더욱 신경을 써야 하므로, 집중력과 학습의욕에 도움이 될 수 있게 방을 꾸민다.

공부방으로는 직사광선이 들어오지 않고, 언제나 채광이 일정한 북향 방이 좋다. 남향 방은 일반 생활을 하기에는 좋지만, 따뜻하고 아늑해 졸음이 오기 쉽다. 방 크기 또한 학습에 영향을 미친다. 방의 크기가 너무 크면 불안감을 느끼기 쉽고, 불필요한 가구를 비치하거나 물건을 수납하게 되기 때문에 적절하지 않다.

책상 위치는 출입문을 등지면 부모님에게 감시받을까 봐 두려운 마음 때문에 집중이 잘되지 않는다. 창문 밖에 차나 놀이터가 보일 경우에도 집중력을 잃기 쉽고, 침대가 보이면 눕고 싶은 생각이 들 수 있다. 또 공부방은 눈이 쉽게 피로해지는 공간이므로, 건강한 눈을 유지하기 위해선 천장 조명과 함께 각도 조절이 되는 스탠드를 두고, 컴퓨터는 데스크톱 대신 필요할 때만 사용할 수 있는 노트북을 사용하는 것이 좋다. 또 바퀴 달린 의자를 쓸 경우 자꾸 움직이고 싶어지기 때문에 고정 의자를 이용한다.

두 명의 자녀가 동성인 경우에는 하나는 침대방, 하나는 공부방으로 분리하는 것이 좋다. 서로 학습에 동기부여를 할 수 있고, 어려운 점이 있으면 도와줄 수 있다.

정리교육

중고등학생쯤 되면 아이에게 집 앞 슈퍼에 가서 필요한 물건을 사 오도록 심부름을 시킬 수 있고 부모가 하는 일은 대부분 할 수 있다. 부모님이 없을 때는 혼자서 식사를 한 뒤 설거지를 하거나 식기세척기를 돌릴 수 있고, 상황을 판단해서 세탁기나 건조기를 돌릴 수도 있다. 자기 방의 청소기를 돌리면서 거실까지 하게 할 수도 있다.

그런데 자녀가 이미 중학생이나 고등학생이 되었는데, 그동안 집 안일을 시키지 않다가 뒤늦게 일을 시키려고 한다면 반발을 할 수도 있다. 그때 너무 충격받고 구구절절하게 잔소리를 하면서 설득하거나, 훈계하거나, 협상하면 안 된다. "혼자서 하려니 힘이 드는구나. 네가 도와줘야겠다"라고 진심을 다해 이야기하는 것이 훨씬 더 효과적이다.

아이들의 성장에 따라 적극적으로 환경을 바꿔주는 부모와 그렇지 않은 부모들의 차이점이 있다. 바로 아이에 대한 존중감이다. 대부분의 집 안 환경은 부부가 중심이며, 부부는 아이가 '부모의 집'에서 알아서 적응하고, 알아서 정리정돈을 잘하리라 기대하게 된다. 그래서 아이가 태어나도 그전과 다름없는 환경에서 아이 물건을 여기저기 쌓아두며 "애가 태어나니까 정신이 없어요" "애 때문에 정리가 안 돼요" 하고, 아이가 커가면서는 "정리 좀 해" "방 좀 치워" 하면서 꾸중을 한다. 하지만 아이의 성장에 따라 공간을 바꾸어주면 아이도 생활이 훨씬 편안해질 것이고, 가정의 한 구성원으로서 권리가 있는 중요한 존재라는 사실을 느끼며, 자신의 성장에 따라 그에 걸맞은 행동을 해야 한다는 생각을 가질 수 있을 것이다.

동선에 맞는 아이방 정리법이 따로 있다

부모는 강제성을 띠지 않고 정리라는 행동을 자극하고 습관화할 수 있도록 넛지 설계자가 되어야 한다. 생활과 동선에 맞게 환경을 만들어 모든 행동이 자연스럽게 이루어질 수 있도록 한다면, 올바른 행동을 습득하는 것도, 생활습관을 들이는 것도 어렵지 않을 것이다.

외출해서 집에 돌아왔어요

1. 현관에서 신발을 휙 벗어 던진다면 신발 모양으로 시트지를 오려 신발장에 붙여놓자. 모양에 맞춰 신발을 놓는 재미도 있고 오른쪽과 왼쪽을 짝 맞추는 연습도 될 수 있다.

2. 세발자전거, 미니카를 가지고 놀았다면 현관이나 복도에 주차할 수 있도록 마스킹 테이프로 주차장 표시를 하자. 아이들은 주차하는 것도 놀이로 생각한다.

3. 집에 들어와서 손 씻기는 건강의 기본. 화장실까지 발자국이나 화살 표시를 해두면 자연스럽게 손 씻기를 유도할 수 있다. 그래도

손 씻기를 싫어하는 아이라면 비누에 레고 블럭을 꾹 하고 집어 넣어보자. 손을 열심히 닦으면 닦을수록 숨어 있는 블록이 조금씩 드러나는 즐거움을 느낄 수 있다.

몸을 씻어요

1. 욕실 안 또는 밖에 빨래바구니를 두면 벗은 옷을 바로 담을 수 있다. 그러면 아이의 옷을 주우러 다닐 필요 없이, 빨래통만 치우면 된다.

2. 욕조에 물놀이 장난감이 있으면 즐거운 목욕이 된다. 이때 놀이 후 스스로 장난감을 정리할 수 있게 한다. 큰 빨래망에 담아 고리에 걸면 탈수와 건조가 잘 된다.

3. 이 닦는 것을 싫어하는 아이라면 좋아하는 캐릭터 칫솔과 치약으로 관심을 사거나, 전동칫솔을 활용해보자.

옷을 갈아 입어요

1. 입었던 옷을 두는 보관용 바구니를 만들고, "입었던 옷은 여기에 잘 접어서 벗어 놓으세요"라고 알려준다.

2. 자신이 입고 싶은 옷을 직접 고를 수 있게 옷장 서랍에 상의와 하의를 구분해서 넣고, 서랍 앞에 커다랗게 라벨링하여 아이가 찾기 쉽도록 한다.

3. 잠을 자기 전에 내일 입고 싶은 티와 바지를 꺼내오게 하면, 잠

을 잘 시간이라는 것을 알려줌과 동시에 내일을 준비할 수 있다.

간식/밥을 먹어요

1. 아이들은 냄비, 프라이팬, 국자 등 엄마의 살림살이를 싱크대에서 꺼내어 노는 것을 좋아한다. 싱크대 맨 아래 서랍 등 한 칸을 아이의 공간으로 만들어주자. 소꿉놀이 장난감을 넣어주거나, 간식을 비치해둬서 스스로 챙겨 먹을 수 있게 한다.

2. 식사 시간에는 아이의 손이 닿을 수 있는 곳에 수저통을 놓으면 아이가 자신의 것은 물론, 다른 가족의 수저, 젓가락 정도는 짝을 맞춰 식탁에 놓도록 시킬 수 있다.

3. 설거지가 끝난 다음 물기 빠진 수저, 젓가락을 나누어 담는 것 또한 아이의 몫으로 남겨주자.

장난감을 가지고 놀아요

1. 장난감은 아이가 주로 노는 장소에 두는데, 아이가 어리면 보통 거실에 장난감 수납장을 놔두고, 놀이 매트를 깔아준다. "장난감은 매트 안에서만 가지고 놀아요"라고 하며, 놀이 매트로 공간을 한정한다.

2. 수납장에는 아이가 즐겨 하는 놀이에 따라 분류해서 큰 그림이나 글씨로 라벨링을 하고 각 장난감에는 제자리가 있다는 것을 알려준다.

3. 장난감이 다 매트 밖으로 나오면 정리가 필요한 시점이다. 또는 하루에 시간을 정해서 "자, 저녁 먹을 시간이네. 이제 우리 정리송 끝날 때까지 장난감을 제자리에 돌려놓자"라고 말하고 노래를 부르거나, 음악을 틀고 정리한다.

공부를 해요

1. 학습공간은 장난감이 있는 공간과 분리하는 것이 좋다. 부모가 학습을 도와줄 수 있는 테이블과 공간박스 또는 3단 책장을 비치해서 책, 학습지, 필기도구, 연습장을 스스로 꺼내고 다 쓰면 정리할 수 있게 한다.

2. 취학 후 책상이 생기면 책상 위에는 되도록 아무것도 두지 않고, 서랍 칸칸별로 필기구, 문구, 미술도구, 전자제품, 악기 등을 구분해서 넣고 라벨링한다.

잠 잘 준비를 해요

1. 잠자는 방은 조명을 어둡게 하거나, 따뜻한 백열등을 켜서 아늑한 분위기를 연출한다.

2. "이제 9시네. 자야 할 시간이야"라고 알려준 뒤 이불을 함께 까는 등, 잠자리를 함께 준비한다.

3. 양치를 시키고, 수면을 위한 책을 아이에게 골라오게 해서 책을 읽어준다.

늦은 엄마의 아이방 정리 비법

정리력 카페에 흥미로운 제목의 글이 올라왔다. '늦은 엄마의 아이방 정리 비법: 혼자 스스로 정리하는 아이 만들기'라는 글이었다. 케이리맘 님은 최근 1년간 많은 물건을 비우고 있으며, 아이가 스스로 정리를 잘할 수 있도록 물건을 배치하고 있다고 자신의 이야기를 소개했다.

> 안녕하세요. 케이리맘입니다. 저희 집에서 하고 있는 정리법을 소개해볼까 해요. 저는 나이가 많은 엄마라서, 자기주도적인 아이로 키우고 싶어서(앞의 이유가 더 크지만요^^), 아이가 할 수 있는 건 스스로 하게끔 물건을 배치해놓아요.

장난감 정리

먼저 아이 장난감 수납장입니다. 아이가 한글을 읽을 수 있게 된 이후로는 '글자'로 라벨링을 해놨어요. 더 어릴 때는 사진을 찍어서 붙여놓기도 했구요. 일곱 살이 되니, 비밀이 생기기 시작한 아이는 '비밀칸'을 만들어 달라고 했어요. 그래서 비밀칸 2개가 생겼지요.

(도둑이 가지고 가면 안 되는 것이라는데 과연?)

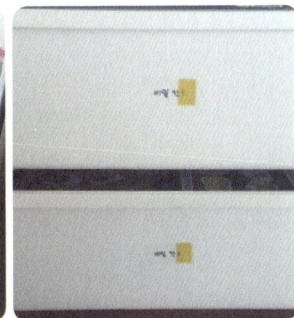

작품 정리

여기는 유치원 작품을 넣어두는 칸이에요. 뚜껑을 열면 아이가 유치원이나 집에서 만든 공작품, 그림 등이 있어요. 처음에 아이가 '작품'을 만들면 작품을 걸어놓는 곳에 진열을 해둡니다. 새로운 작품을 만들어오면, 기존 작품은 이 상자에 넣어둬요. 아이가 어쩌다 찾으면, 여기서 꺼내서 보기도 하구요. 보통 6개월 정도 지나면 잊어버리더라고요. 그러면 그때 '사진 찍어놓고' 버립니다.

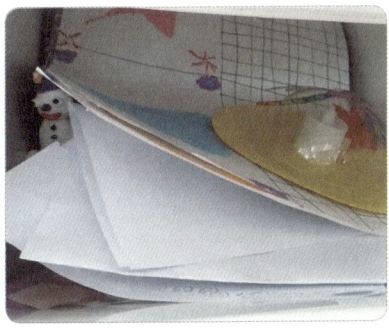

아이의 작품을 걸어놓는 공간이에요. 이곳은 저희 가족이 식탁에 앉아서 바로 보이는 아일랜드 상부장 벽면이거든요. 밥 먹으면서 작품을 보며 얘기도 나누고 좋아요. 아이도 자기 작품에 자부심이 강하구요.

신발장 정리

저희 집에서 아이의 손과 눈이 닿는 곳에는 거의 아이 물건들이 있답니다. 이곳은 신발장인데요. 일곱 살 아이의 키는 110센티미터 정도예요. 아이가 신발을 꺼내기 편한 위치에 아이 신발을 뒀어요.

신발도 그림이 앞으로 보이도록 정리했어요. (유치원 신발장에 저희 아이 신발만 앞으로 정리되어 있어서 '습관이 참 무섭구나'를 느끼기도 했답니다.) 아이가 꺼내기 쉽도록 여유공간을 좀 뒀구요. 너무 꽉꽉 채우면 정리가 잘 안 되더라구요.

욕실 정리

욕실인데요. 모든 물건이 아이 손이 닿게 배치해둡니다. "엄마, 치약은요? 엄마, 양치컵은요? 엄마, 수건 주세요." 이런 소리 안 들리게 말이지요. 수건은 아이 키보다 높아서 아이가 걸 수가 없어요. 그래서 아이가 '빨래집게'로 찝어달라고 요청하더라구요. 그래서 이렇게 사용 중이에요.

거실 수납장 젤 낮은 공간입니다. 아이의 로션, 선크림, 립케어용품이 여기에 있구요. 아이는 세수를 하고 나서 수납장에 놓인 로션을

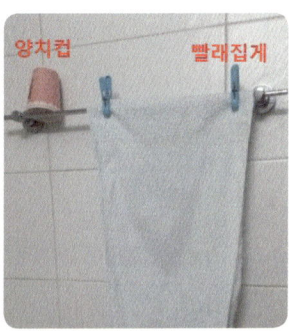

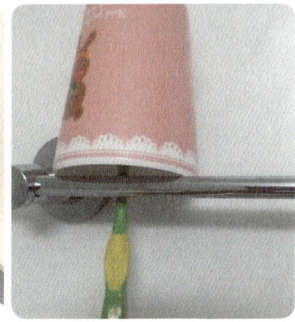

꺼내 스스로 바르지요. 왼쪽 알록달록 가방은 아이의 머리끈 가방입니다. 머리는 아직 혼자 못 묶어서 제가 묶어주지요. 대신 머리 묶어줄 때 아이한테 머리끈 가방 가지고 오라고 시킵니다.

아이 옷 정리

세탁기가 있는 다용도실 앞에 빨래바구니를 둡니다. 아이가 벗은 옷을 이곳에 담아놓아요. 저는 땅바닥에 물건이 내려와 있는 걸 싫어하지만 이것도 아이의 요청이기도 하고 아이가 벗어놓은 옷을 일일이 제가 갖다놓는 것도 일이기에 이 정도는 양보했지요. 아이는 옷도 혼자 고르고 혼자 꺼내 입어요. 가끔씩 제가 빨래를 갤 때면 직접 정리하기도 합니다.

옷장도 아이 눈높이에 맞춰서 정리했어요. 윗 행거에는 계절이 지난 옷들이 있어서 해당 계절이 되면 아래로 옮겨주는 정도입니다. 아래 행거는 아이 손이 직접 잘 닿는 높이라 외투를 여기다 걸어요. (유치원에서 외투 거는 습관이 있어서 옷걸이 사용도 잘 하더라구요. 물론 안 하는 날도 많습니다.)

　윗 수납바구니는 아이가 한 번 입었던 옷을 보관합니다. 수면잠옷은 이틀 정도 입어도 무방하구요. 그리고 이 바구니에는 아이가 걸기에 애매한 것들을 담아놓으라고 합니다. 스카프 같은 것들이요. (평소엔 이렇게 단정하진 않고 막 담아놓는데 사진 찍느라 좀 정돈된 상태예요.)

　그리고 아래 수납바구니는 아이 가방을 담는 곳이에요. 가방 놓아두는 곳을 만들어주지 않았더니 유치원 가방이 여기저기 굴러다니더라구요. 유치원 하원 후에 옷 갈아입고, 가방 정리하고, 핀도 꽂아놓고, 더러운 옷은 빨래바구니로, 한 번 더 입는 실내복은 윗 수납바구니에서 꺼내서 입지요.

 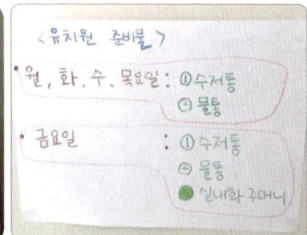

아이 옷장 서랍장입니다. 따로 라벨링은 하지 않았지만 종류별로 바구니를 나눠놓아서 아이가 개킨 옷을 정리할 때도 각자의 자리에 잘 갖다 넣어요. 왜냐하면 바구니에 양말 하나, 속옷 하나 정도는 남아 있는지라, 그곳이 그 자리인지 알거든요.

그리고 옷장 문짝에 아이가 챙겨야 할 것들을 메모해뒀어요. 옷장에서 가방 꺼낼 때 참고하라고요. 옷장에 실내화주머니도 있기 때문에 동선이 맞더라구요. 다 제가 편하려고 하는 것들이에요.

헤어핀 정리

또 옷장 문짝에 아이 헤어핀을 달아놓았습니다. 집에 굴러다니는 끈에다 헤어핀을 모아놨어요. 아이가 어떤 옷을 입느냐에 따라서 원하는 헤어핀도 달라지기에 옷과 헤어핀은 여기서 골라 오라고 합니다. (옷은 더러 제가 골라주기도 하지요.) 아이가 한눈에 볼 수 있어서 실용적이에요.

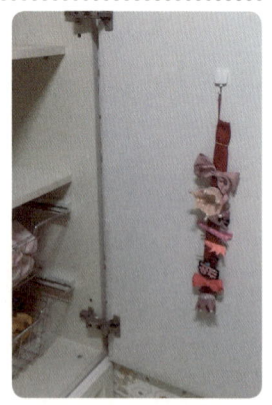

주방 정리

주방에도 아이를 위한 공간이 있어요. "엄마, 컵 주세요. 엄마, 시리얼 주세요. 엄마, 코코아 주세요. 엄마, 빨대는요?" 에효. 아이가 이것저것 찾아달라고 하면 그때마다 '어떻게 하면 내가 일을 안 할 수 있을까?' 하고 생각해서 나온 정리공간이에요. 설거지 후 그릇이 건조되면, 컵은 식기건조대에 두세 개씩 남겨놓아요. 아이가 물을 마시거나 코코아를 마실 때 여기서 컵을 꺼내서 쓰거든요. 아이 손이 딱 닿는 위치에요. 맨 윗 서랍에서 숟가락도 꺼내서 씁니다.

그리고 싱크대 하부장에 아이가 먹을 수 있는 것들을 다 넣어놨어요. 시리얼, 초코가루와 빨대, 비타민류. 아이가 다 챙겨 먹지 못하지만 제가 먹으라고 시키면 귀신같이 알고 여기서 찾아 먹어요. 아래 칸 바구니엔 과자, 캔디가 들어 있어요. 과자를 잘 안 사주지만 유치원 생일 답례품이나 가끔 선물 받는 과자류를 여기에 넣어놓아요. 눈에 잘 안 띄니 우선 잘 안 먹어서 좋구요. 가끔씩 먹고 싶

을 때 바구니를 뒤져서 찾아 먹기 좋아요.

전 나이도 많고 체력도 좋지 않은 편이라 '어떻게 하면 내가 일을 덜 할까? 어떻게 하면 아이가 스스로 할까?'를 생각하는 편이에요. 아이의 물건은 거의 모두 자리가 정해져 있기에 아이도 곧잘 정리합니다. 매번 다 잘하면 '아이'가 아니지요. 매번 다 잘하진 않아요. 가끔씩 잔소리를 날려줘야 하지만, 아이의 동선에 맞춰서 아이 물건이 놓여 있고, 아이도 자기 물건의 자리를 잘 알기에 정리가 한결 수월한 건 맞습니다. 다 제가 편하고자 하는 것들이지요."

평소 아이 돌보는 데 여력이 없고, 귀찮아하는 부모들은 아이들이 마음대로 하도록 그냥 내버려 두다가 아이가 실수를 하거나, 집 안을 엉망진창으로 만들면 무엇이 문제인지 알아볼 여유도 없이, 무작정 화를 내며 훈계를 한다. 하지만 케이리맘 님은 아이가 스스로 할 수 있는 환경을 만들기 위해 아이의 행동을 세심하게 관찰하고, 여러 번 시행착오를 겪으며 정리법을 바꾸었을 것이다. 케이리맘 님은 자신을 위한 것이라 했지만, 나는 누구보다 그녀가 아이를 배려하고 있다는 것을 느낄 수 있었다.

아이방은
이대로 정리하면 된다

아이방 정리 흐름 1단계 : 합리적인 구입하기

맞벌이 부부와 초등학교 3학년, 1학년 두 명의 자녀가 함께 사는 아파트를 컨설팅한 적이 있다. 온갖 장난감과 책들이 거실과 방 하나를 점령하고 있었다. 집 안이 늘 어지럽다 보니 휴일에는 쇼핑몰에 가는 것이 가족의 휴식이 될 정도였다. 부부는 맞벌이를 하기 때문에 장난감이나 책, 학용품을 사주는 데 아끼지 않는 편이며, 주말마다 쇼핑몰에서 아이들이 갖고 싶다는 것들을 사주다 보니 점점 집 안이 감당할 수 없이 되어버렸다고 했다.

출산율 저하로 아이들은 점점 줄어드는 반면 장난감 시장 규모는 커지고 있다. 이렇게 매년 매출 신장을 이룰 수 있는 것은 가정 내 소득수준이 향상되었기 때문이라고 전문가들은 말한다. 하지만 늘어난 아이 물건으로 인해 평당 2천만 원인 집은 점점 비좁아지고, 가정 내 소득수준은 향상되었을지라도 매달 저축은 고사하고 카드빚에 허덕이게 되는 아이러니함도 발생했다. 맞벌이 부부는 미안한 마음에, 어떤 부모는 어린 시절 갖고 싶었던 것들을 갖지 못한 것을 한스럽게 생각해서, 또 공공장소에서의 문제 행동을 손쉽게 잠재우기 위해 부모들은 기꺼이 지갑을 연다.

정리된 공간과 경제적 여유로움을 갖길 원한다면 합리적인 소비는 필수다. 그러나 아이 물건을 버리는 것과 마찬가지로 아이 물건을 구입하는 것은 감정적으로 조절이 잘되지 않는 부분이다. 먼저 합리적으로 소비할 수 있는 방법에 대해 알아보자.

1. 마트나 백화점에 가기 전에 미리 대비한다

마트에 가기 전에 아이에게 "오늘은 장난감을 사지 않을 거야. 맛있는 저녁거리만 사고 올 거야"라고 미리 계획을 알려주고, 칭찬 스티커를 활용한다. "장난감 사달라고 떼쓰지 않으면 칭찬 스티커 줄게. 그걸 모아서 장난감을 살 수 있어." 그리고 실제로 쇼핑을 잘 하고 오면 꼭 포상한다.

하지만 이렇게 약속을 하더라도 아이가 오랫동안 얌전히 있기란 어렵다. 외출하기 전에 아이의 흥미를 끌 만한 책이나 장난감 등을 준비해야 한다. 주의할 점은 엄마가 읽히고 싶은 책보다, 아이가 빠져들고 반복해서 볼 수 있는 만화책, 건전지가 들어가는 장난감이나 게임기가 효과적이다. 마트나 백화점에 가서는 장난감 코너는 최대한 피해서 돌아간다.

2. 아이와 함께 쇼핑리스트를 작성한다

아이에게 약속한 장난감이나 학용품을 사러 갈 때도 준비가 필요하다. 어른도 마트에 가면 온갖 물건의 유혹을 참기가 어렵다. 이때 어른이든 아이든 쇼핑 유혹을 물리치는 방법은 쇼핑 리스트를 작성하는 것이다.

아이와 함께 쇼핑 리스트를 작성하면서 "왜 갖고 싶어?"라고 이유를 묻고, 아이가 사고 싶은 물건 중에 집에 비슷한 물건이 있다면 그 물건부터 사용하도록 권한다. 쇼핑 장소에 가서는 직접 리스트에 있는 물건들을 가지고 오게 하는 등 쇼핑에 참여시킨다. 그러면 아이에게는 쇼핑 자체가 즐거운 놀이가 되기 때문에 쇼핑 리스트 외의 물건에 대한 유혹을 떨쳐낼 수 있다.

값비싼 물건을 사고 싶어 한다면 앞으로 다가올 어린이날이나 생일 같은 이벤트 때, 혹은 목표하던 것을 이루었을 때 보상으로 받을 수 있다는 것을 알려주자. 원하는 걸 무조건, 아무 때나 사주는 것보다 때를 기다릴 줄 알고, 약속을 지킬 줄 알게 하는 것도 좋은 교육이다.

3. 장난감 도서관에서 빌린다

아이들은 금방 자라고, 좋아하던 장난감도 몇 달만 가지고 놀면 금세 새 장난감을 찾기 마련이다. 중고로 판매하는 것도 경제적으로 부담을 덜 수 있는 방법이지만, 그 과정이 꽤 번거롭고 그렇게 해서 번 돈은 관리가 잘되지도 않는다. 그보다 좋은 방법은 장난감 도서관을 이용하는 것이다. 요즘에는 지역마다 장난감 도서관이 있어서 아이들이 흥미를 가질 만한 새로운 장난감을 주기적으로 제공해줄 수 있다.

서울시에서 운영하는 녹색장난감도서관은 저렴한 연회비로 2주간 장난감 2~3점과 책을 빌릴 수 있고, 홈페이지에서 장난감 예약 및 택배 신청도 가능하다. 서울시 외에도 각 지역마다 장난감 도서관은 계속해서 늘어나고 있는 추세이며, 키즈카페처럼 꾸며 놓고 다양한 장난감들을 이용할 수 있는 곳도 있다.

4. 장난감 없이 놀 수 있는 것들

《멋진룸 심플한 살림법》의 저자 장새롬 씨는 5년간 두 아이를 집에서 키우면서 육아하고, 심플한 살림을 추구했던 경험을 책에서 소개한다. 그녀는 아이들이 성장할 때마다 연령이 지났거나 안 쓰는 물건을 바로바로 비우고, 아이의 상상력으로 스토리를 만들어낼 수 있는 놀잇감 위주로 사주었더니, 아이가 둘 있어도 깨끗하고 깔끔한 집을 유지할 수 있었다고 말한다.

❋ 책, 장난감을 두는 공간에 제한을 둔다.
❋ 장난감보다는 살림살이를 가지고 놀게 한다.
❋ 나무 소재의 장난감을 준다.
❋ 완성품보다 직접 만들어서 놀 수 있는 놀잇감을 준다.

〈MBC 다큐스페셜〉 '버리기의 기적'에 그녀의 집이 소개되었는데, 놀라울 정도로 장난감과 책이 없었다. 나도 딸아이에게 장난감을 많이 사주는 편이 아닌데, 일상용품을 가지고 창의적으로 노는 모습을 볼 때마다 깜짝깜짝 놀란다. 요구르트 통으로 소리 나는 악기를 만들 수 있고, 신문지를 돌돌 말면 풍선을 치고 놀 수 있는 훌륭한

요즘 딱지 접기에 푹 빠진 서진이

베란다 모종 가꾸기는 서진이의 몫이다.

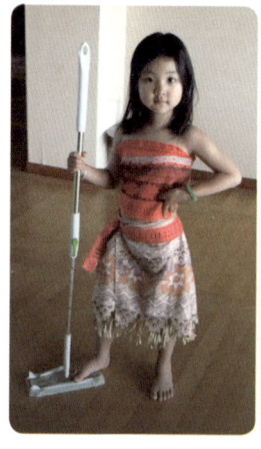  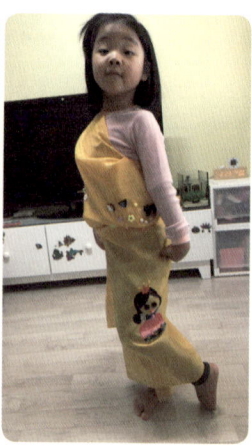

〰️ 청소와 같은 일상적인 활동도 서진이에게는 재미있는 놀이가 된다.
〰️ 상자처럼 버려지는 물건들은 서진이의 가장 재미있는 놀잇감이다.
〰️ 안 쓰고 방치된 보자기를 발견해서 옷을 만들고 패션쇼를 했다.

〰️ 재미있는 모양의 파스타로 내 마음대로 그림 그리기
〰️ 가을이 되면 자연이 선물하는 알록달록 재밌는 나뭇잎 장난감
〰️ 잡지책은 마음껏 찢고, 오리고, 붙이고 놀기에 좋은 놀잇감이다.

라켓이 된다. 보자기는 도깨비 망토가 되고, 종이 컵받침은 돌이 되어 시냇물의 징검다리로 변한다.

'장난감이 없이 아이들이 어떻게 재밌게 놀 수 있을까?'라는 의문이 들겠지만, 아이들은 TV가 없으면 책을 읽게 되어 있고, 장난감이 없으면 살림들을 가지고 놀게 되어 있다. 특히 일상용품은 아이들에게 매우 흥미롭고 매력적인 놀잇감이기 때문에, 위험하지만 않다면 제약 없이 주면 된다. 아이는 장난감을 가지고 노는 것이 아니라, 자신의 상상력을 가지고 논다는 말을 실감하게 될 것이다.

아이방 정리 흐름 2단계 : 잡동사니 비우기

한번은 K 고객님의 집에 책장 정리를 하러 간 적이 있었다. 당시 유행했던, 거실을 서재로 꾸민 집이었다. 빽빽하게 꽂힌 책 앞에 장식품, 문구, 잡동사니들이 가득한 것을 보니 책장은 단지 인테리어인 듯했다.

고객님께 비울 책을 고르시게 했는데, 오랫동안 먼지만 쌓여 있었음에도 불구하고 어떤 책을 버려야 할지 힘들어했다. 졸업 후 수십 년이 지나도록 본 적이 없고, 현재 전공과는 전혀 관련 없는 일을 하고 있기 때문에 나는 전공 책부터 비우길 권해드렸다. 그랬더니 전공 서적을 시작으로 오래된 대중가요 책이나 기타교본 등등, 점점 비우기에 탄력을 받았다.

그러나 마지막까지 결심을 하지 못하는 책이 있었다. 바로 초등학생용 명작동화 전집이었다. 그림이 너무 예쁘고, 당시 100만 원이 넘는 돈을 주고 샀으며, 가장 결정적인 이유는 아들이 아직 보지 않았다는 것이었다. 고객은 비장한 표정으로 아들에게 전집 한 권을 읽을 때마다 만 원씩 주기로 했으며, 아들도 그러겠다는 약속을 했다고 말했다. 나는 아무리 그래도 절대 읽지 않을 것이라 생각했다. 왜냐하면 고객의 아들은 이미 고등학생이기 때문이다!

여러분의 집은 어떤가? 아이가 자라면서 만나온 물건들이 제때 비워지지 않고 그대로 방치되어 있는 것은 아닌가? 그렇다면 아이가 자랄수록 집 안이 더 걷잡을 수 없게 어지러워질 것이다. 아래 예시 리스트를 보며 잡동사니가 되어버린 아이 물건들을 찾아보자.

- ❋ 연령에 맞지 않는 장난감
- ❋ 연령에 맞지 않는 전용 식기, 캐릭터 식기
- ❋ 연령에 맞지 않는 책
- ❋ 연령에 맞지 않는 옷, 신발, 액세서리
- ❋ 6개월 이상 지난 아이의 작품들
- ❋ 망가진/고칠 수 없는 장난감(부속품 분실 포함)
- ❋ 오염이 심해 지저분한 장난감

❄ 털이 자꾸 빠지는 인형
❄ 이물질이 묻은 헝겊인형
❄ 기간이 1년 이상 경과된 학습교재
❄ 나오지 않는 필기구
❄ 1년 이상 사용하지 않은 미술용품
❄ 너무 많은 노트, 메모지, 수첩, 스케치북

1. 아이 물건을 비우기 힘든 이유 : 감정적으로 집착하기 때문에

영화 〈인생이 반짝반짝 빛나는 정리의 마법〉에는 집 안 전체를 잡동사니로 가득 채운 '하루에'라는 여성이 나온다. 그녀의 집은 고여 있는 물처럼 오래된 물건들로 가득했는데, 대부분 아들과의 추억이 깃든 물건들이었다. 그녀는 반대하는 결혼을 한 아들과 의절을 선언한 상태였다.

그러던 어느 날, 하루에는 잃어버린 브로치를 찾기 위해 정리 컨설턴트 노리마키에게 정리를 의뢰한다. 노리마키는 안 쓰는 물건들을 하루에에게 고르게 했는데, 아무것도 버릴 수 없다며 불같이 화를 내고는 의뢰를 취소하기에 이른다. 노리마키는 과거 속에 갇힌 채 현재를 온전히 살지 못하는 그녀를 안타깝게 여기며 삼고초려한다.

"하루에 씨, 추억도 소중하지만, 앞으로의 인생도 소중해요."

과거와 이별하기로 결심한 하루에는 노리마키의 도움을 받아 천천히, 온 마음으로 추억이 깃든 물건들과 작별 인사를 하며 떠나보낸다. 아이러니하게도 아들의 물건을 정리하자 의절한 아들을 만나 보겠다는 결심이 서게 되고, 그녀를 그리워하고 있던 아들과의 뜨거운 포옹으로 영화는 마무리된다. 하루에는 이제 아들과의 새로운 삶으로 나아가게 된 것이다.

하루에 같은 사연을 갖고 있지 않더라도, 부모들은 아이가 사용했던 물건이나 추억이 깃든 물건을 버리기가 쉽지 않다. 그중에서도 특히 아이가 만든 '작품'은 아이의 성장 과정, 아이의 자부심처럼 느껴지기 때문에 더더욱 버리기가 어렵다. 아이는 성장하면서 날마다 수많은 그림을 그리고, 낙서를 하며, 사진을 남긴다. 아이는 미래를 향해서 날마다 쑥쑥 커가는데도, 부모들은 아이의 과거를 아이와 동일시한다.

정리력 카페의 Q&A 게시판에는 "아이 사진이 담긴 블라인드나 기념품은 어떻게 해야 할까요?"라는 질문이 자주 올라온다. 제일 당황스러웠던 답변은 잘 모아서 아이가 결혼할 때 주겠다는 말이었다. 한번 상상해보자. 분가 후 부모님이 주신 돌잔치용 블라인드, 작품, 각종 기념품이 담긴 커다란 리빙박스를 어디에 보관해야 할지 난감해하는 아이의 모습을 말이다! 부모가 제때 비우지 못한 것을 아이에게 미루는 것이나 다름이 없다.

2. 아이 물건을 비우기 힘든 이유 : 기준이 없기 때문에

아이 물건은 감정적으로 비우는 것이 어렵기 때문에 기준을 세우는 것조차 쉽지 않다. 정리력 카페의 회원들은 '비움 게시판'을 보며 다른 사람이 비운 사례나, 비움 추천 리스트를 참고하면서 용기를 얻는다. 컨설팅 고객들도 컨설턴트가 몇 가지 기준을 제시하면, 그에 따라 버리기 시작하다가 점점 탄력을 받는다. 누군가의 간접적인 경험과 정리 컨설턴트의 전문성에 대한 신뢰가 용기를 주기 때문이다. 컨설턴트들이 제시하는 기준은 다음과 같다.

* 지난 1년 동안 이 물건을 사용하신 적이 있나요?
* 지난 1년 동안 아이가 이 물건을 찾은 적이 있나요?
* 앞으로 다시 사용하실 일이 분명히 있나요?
* 똑같은 물건이 이렇게 많을 이유가 따로 있나요?

감정이 작용하는 물건들은 오래 생각하지 않고, 객관적 기준에 적용되는지만 빠르게 판단해서 비워야 한다. 스스로 기준을 만들어 점차 높이거나, 하루에 한 개, 이틀째에는 두 개처럼 조금씩 비우기에 대한 강도를 높이는 것도 좋은 방법이다.

3. 아이 물건을 비우기 힘든 이유 : 판단을 나중으로 미루어서

잡동사니를 못 버리는 사람은 일을 미루는 성향이 강한 편이다.

그런데 아이의 물건은 자신이 직접 사용하는 물건이 아니기 때문에 판단하기를 더 미루게 된다. 하지만 지금까지 정리 컨설팅을 하면서 느낀 점은, 아이들은 버릴 물건을 잘 판단한다는 것이다. 부모들은 그 모습을 보면서 두 가지 이유로 놀란다. 아이들이 의외로 버릴 물건을 잘 판단한다는 것, 그리고 아이의 기준과 부모의 기준이 다르다는 것이다. 물론 물건을 쓸 사람은 아이이므로 부모보다는 아이의 의견을 존중해야 한다.

내 경험을 이야기하자면 우리 아이도 네 살 때까지는 버리지 말라고 하는 게 많았다. 장난감이 많지 않았으므로 나는 아이의 의견을 존중해주었다. 그런데 5~6살이 되니 지금은 스스로 버리고, 버려도 되는지 물어보면 버리라고 할 때가 많다. 가지고 있어야 할 것과 버려도 되는 것을 구분할 수 있게 된 것이다.

4. 아이 물건을 비우기 힘든 이유 : 구입했을 때의 가치로 보기 때문에

고객들이 잘 버리지 못하는 아이 물건 중 하나는 전집이다. 한 고객님은 시아버지가 출산 선물로 주신 고가의 백과사전을 버리지 못했는데, 아이는 어느덧 중학교 3학년이 되어서 인터넷을 통해 필요한 자료를 찾고 있었다. 또 다른 고객의 베란다 창고에서는 여러 개의 전집 박스가 나왔는데, 고객은 그 박스들을 무거운 표정으로 바라보며 '이사를 세 번 하는 동안 매번 박스째로 옮겨온 채 그대로 베란다 창고에 넣었다'고 고백했다. 과거의 가치가 아닌 현재의 가치로 물건을 보는 것이 중요하다. 아끼다 똥 된다는 말도 있지 않은가. 시간이 지나고, 유효기간이 지나면 값어치는 떨어지거나 없어지게 되어 있다.

지금부터는 잡동사니를 비우는 방법에 대해 알아보자.

1. 아이의 잡동사니 비우는 방법 : 아이와 함께 비우자

아이에게 어떤 특정한 장난감을 하나 가리키면서 "필요해? 필요 없어?"라고 물으면 아이들은 거의 필요하다고 말한다. 누가 봐도 사용하지 않을 것 같은 물건인데, 특정한 물건에 초점을 맞추게 되면 전부 다 필요한 물건이 된다. 이때 아이에게 비우기를 유도할 수 있는 다양한 방법들이 있다.

공간 한정하기 : 장난감 상자라는 관점을 제시해서 "상자 안에 다 들어갈 수 있도록 장난감을 줄이자" "상자 안에 필요 없는 물건은 없니?"라고 말하면 그때서야 필요 없는 물건을 골라낸다.

박스 채우기 : 아이와 함께 게임처럼 재미있게 할 수 있는 방법이 있다. 상자를 하나 구한 뒤 "우리 이 상자 안에 필요 없는 물건들을 모두 찾아서 담아보자!"라고 제안하는 것이다. 더 재미있게 하려면 상자를 두 개 구해서 엄마와 함께 경쟁하듯이 한다.

하루 한 개 버리기 : 하루에 한 개씩 불필요한 물건을 비우는 것이다. 아이에게 "오늘은 뭘 비워볼까? 하나 찾아오자!"라고 하면 즐겁게 비울 수 있다. 비울 때는 꼭 물건에게 인사하게 하자. "고마워, 잘 썼어." 물건을 버린 날 달력에 X자 표시를 해보는 것도 좋다.

정량 정하기 : 많은 물건을 한꺼번에 처분하기 위해서는 수납 공간을 한정한다. 리빙박스에 든 장난감이 너무 많으면 리빙박스를 줄이고, 책이 너무 많으면 책장을 줄이자. 그러면 자연스럽게 1년 전 교과서, 오래된 장난감 등 쓰지 않는 물건에 대한 큰 기준을 만들 수 있고, 그 이상 늘어나지 않게 신경 쓸 수 있다.

밀어내기 : 아무리 정량을 정해도 시간이 흐름에 따라 물건이 늘어나게 된다. 새로운 물건이 들어오면 오래된 물건이나 비슷한 용도 혹은 디자인의 물건을 비우게 하자. "우리 오늘 이거 새로 샀으니깐, 오래된 물건 하나랑은 작별해야 돼. 어떤 물건과 작별할까?" 이런 식으로 하면 물건이 순환되므로 정량을 지킬 수 있다.

2. 아이의 잡동사니 비우는 방법 : 나눔의 기쁨을 함께 느끼자

선물 받은 물건, 물려받은 물건, 직접 산 물건 등 아이 물건 중에는 중복되는 아이템들이 꽤 많다. 새 물건을 버릴 수도 없고, 멀쩡하게 쓰고 있는 물건을 버리고 새것을 쓰는 것도 낭비인 것 같다. 그럴 때엔 형편이 어려운 아이들과 나눔을 하면 어떨까? 아이들도 나눔의 의미와 기쁨을 느끼는 기회가 될 것이다.

호펜(blog.naver.com/hopenproject)

2009년에 시작된 호펜(HOPEN)은 'HOPE and PEN'이라는 의미로, 사용하지 않고 잠자고 있는 학용품을 모아 필요한 아이들에게 전달하는 단체다. 새것처럼 쓸 수 있는 상태의 필기구(기업이나 학교, 학원 등의 광고 문구가 찍혀 있는 펜도 가능), 공책(필기가 있는 부분은 찢어낸 후), 풀, 가위, 색종이, 집게, 클립, 테이프, 필통 등을 기부받는다. 기부는 연 2회(봄, 겨울) 진행하고 있으며, 일정은 사전에 블로그에 공지하고 있다.

키플(www.kiple.net)

키플에서는 아이 옷(0세부터 13세 이하의 유아동 의류와 잡화), 도서(유아동, 청소년, 육아서), 출산용품, 육아용품, 장난감 등을 기증받는다. 홈페이지에서 신청하고, 택배기사가 방문할 때 전달하면 된다. 보낸 물품은 검수 후 홈페이지에 등록하고, 평가액의 70퍼센트를 키플 머니로 적립받는다. 적립된 키플 머니로는 홈페이지에 등록된 중고 물건 및 기획전의 도소매 잡화나 농산물을 저렴하게 구입할 수 있다.

녹색장난감도서관-키즈뱅크(seoultoy.or.kr)

키즈뱅크는 서울 시민을 대상으로 장난감, 육아용품을 기증받아 정비 후 필요한 시설이나 시민에게 대여하고 망가진 장난감은 수리해주는 가정양육 지원 서비스다. 장난감을 기부하고 싶다면 기부할 장난감의 사진을 찍어 녹색장난감도서관 홈페이지 게시판에 올리면 된다. 해당 장난감이 기부 가능한지 확인이 끝나면 도서관에 방문해서 기부를 한다. 기부한 사람에게는 장난감 상태에 따라 포인트를 주는데, 이 포인트는 장난감도서관 연회비로 사용이 가능하다. 서울 이외의 지역은 지역별 육아지원센터 또는 복지관, '아름다운 가게'와 같은 NGO 단체를 이용할 수 있다.

느티나무도서관재단(www.givebook.or.kr)
국립중앙도서관 책다모아(www.nl.go.kr/sun)

책장에 쌓여만 가는 책 때문에 고민이라면 책나눔 운동을 통해 기증하자. '꿈을 선물하는 책나눔 운동'은 경기도가 후원하고 느티나무도서관재단이 주관하는 도서기증 운동이다. 경기도 외의 지역에서도 택배를 통한 기증이 가능하다. 국립중앙도서관에 기증하면 소장자료가 되거나, 중복자료는 자료를 필요로 하는 소외지역 작은 도서관 및 병영도서관 등에 재기증된다. 기분 좋은 것은 기증한 책에 기증자명이 표시된다는 것. 홈페이지에서 신청서를 작성하고 택배 착불로 기증하면 된다.

아이방 정리 흐름 3단계 : 수납하기

일본의 정리전문가 스즈키 나오코는 무조건 아이들이 편한 수납을 해야 한다고 강조하면서, 아이들의 정리 수납 과정을 여섯 가지 단계로 소개한다.

- 1단계 : 장난감을 꺼낸다.
- 2단계 : 장난감을 가지고 논다.
- 3단계 : 그만 놀고 정리하기로 결심한다.
- 4단계 : 장난감을 모아서 장난감통에 넣는다.
- 5단계 : 수납할 장소로 옮긴다.
- 6단계 : 원래 있던 자리에 수납한다.

만약 이 흐름이 제대로 이루어지지 않는다면 여섯 단계 중에 하나 이상의 과정에 문제가 있음을 의미하는 것이다. 예를 들어, 물건마다 제자리가 없다면 6단계가, 상자의 크기에 비해 넣을 장난감이 너무 크거나 많으면 4단계가 잘 이루어지지 않는다. 장난감을 넣은 상자가 무겁다든지, 문턱이 높다면 1단계와 5단계에서 장애가 생긴다. 또 제자리가 있더라도 자신의 키보다 높은 곳에 있거나, 박스를 여러 개 쌓은 형태라면 1단계와 6단계에서 부모의 도움을 반드시 받아야 한다. 즉, 이 단계들이 원활이 이루어지려면 아이의 눈높이에 맞춰, 적절한 아이템을 활용해서 정리해야 한다. 그중 3단계, '그만 놀고 정리하기'야말로, 넛지의 진가를 발휘해야 할 때이다.

충분한 가구와 적절한 수납도구를 활용한다

아이방을 정리하러 가면 수납 양에 비해 공간이나 도구가 턱없이 부족해서, 매니저가 가구 구입부터 도움을 드릴 때가 많다. 반대로 수납공간이 너무 많은 집도 있는데, 물건들이 이리저리 분산되어서 정리가 잘 안 된다. 정리 후에 책장이나 서랍을 아예 치우고 나면 공간이 훨씬 깔끔하고 넓어 보이게 되는 효과도 있다.

아이들이 스스로 꺼내고 정리하려면 수납도구의 위치와 종류도 잘 선택해야 한다. 수납장 가장 밑의 칸에는 아이가 자주 가지고 노는 장난감을 넣는다. 수납도구는 소프트 빨래바구니처럼 안전하고 부드러운 재질, 바퀴가 달린 리빙박스처럼 이동이 쉬운 것이 좋다. 내용물이 잘 보이도록 색상이 없는 투명한 것을 쓰거나, 그렇지 않다면 라벨링을 해주면 된다.

장난감의 사이즈와 놀이 종류에 따라 적당한 양으로 분류한다. 분류할 때는 아이의 성향이나 놀이법을 고려하자. 일반적으로 '나무 장난감' '조립식 완구' '인형'으로 나누는데, 어떤 아이는 혼자 노는 장난감, 친구와 함께 노는 장난감으로 나눌 수도 있다. 또 철도 완구를 갖고 놀 때, 인형이 손님 역할을 한다면 인형도 같이 수납하고, 공작 완구를 좋아하는 아이면 관련된 소품들을 한꺼번에 수납하고, 공작을 좋아하는 아이면 스케치북, 종이, 가위, 풀, 크레파스를 한 통에 같이 보관한다.

아이들의 물건은 다양하고 자잘해서 정리하기가 쉽지 않다. 아이템별 특성별로 정리를 잘해두면, 정리도 놀이처럼 할 수 있고, 자연스럽게 정리법을 보고 배울 수 있다. 다음에 소개하는 아이템별 정리법을 참고해서 매일 하나씩 정리해보길 바란다. 사진이나 그림, 글자를 이용한 라벨링은 필수다.

나는 책장의 가장 밑에서부터 세 번째 높이의 칸까지 아이의 장난감과 책을 보관했다. 가장 밑의 칸은 서진이가 직접 빼낼 수 있는 장난감들을 담았다.

〰️ 아이의 놀이 종류에 따라 바구니에 분류해서 담았다.

아이템별 정리법 - 장난감

블록/장난감(대) : 블록이나 큰 사이즈의 장난감은 적당한 크기의 투명 수납박스를 여러 개 활용한다. 아이가 스스로 이동하기 쉽게 적당한 크기에 무겁지 않게 수납한다. 바퀴가 달린 리빙박스나 소프트 빨래바구니를 활용하는 것이 이동하기에 좋다.

교구/퍼즐/보드게임 : 교구와 보드게임은 전용 박스에 넣고, 세로 칸막이가 없는 선반장에 가로로 쌓는다. 퍼즐은 박스가 없으면 밑판과 퍼즐을 분리한 뒤 지퍼백에 담아 라벨을 붙이고, 퍼즐판은 한데 모아서 가로 또는 세로로 세워서 보관한다.

레고 : 놀이 수준(연령)에 따라 수납함에 모두 모아 넣거나, 브릭의 사이즈별로 또는 색상별로 칸막이 바구니에 담는다. 시리즈별 레고는 서로 섞이지 않게 전용 상자에 넣거나, 전용 상자가 없으면 플라스틱 서류케이스에 설명서와 함께 보관한다.

인형/장난감(중·소) : 중·소 사이즈의 장난감, 소꿉놀이, 여분의 문구류, 악기류는 수납박스나 바구니에 구분해서 담고, 앞에 크게 글씨 또는 사진으로 라벨링을 한다. 아이가 좋아하는 인형이나 미니카는 책장이나 선반에 진열한다.

카드/딱지 : 카드나 딱지류는 아이들의 기호에 따라 종류별로 분류하고, 순서대로 정리해서 고무줄로 묶은 뒤, 지퍼백에 넣거나, 칸막이 바구니(밀폐용기)에 넣는다.

△△△ 레고, 퍼즐, 보드게임, 교구, 카드, 블록 등을 깔끔하게 정리한 모습

어떤 아이는 다 먹은 젤리 봉지와 빈 사탕 통을 소중하게 보관한다. 우리 눈에는 쓰레기일 뿐인 과자 봉지가 아이에게는 기념할 만한 소중한 것일까? 그럴 수도 있다. 아이의 세상은 우리의 세상과 다를 수 있으니까. 그럴 때는 아이의 의견을 존중하고, 무조건 버리게 할 것이 아니라 한데 모을 수 있는 비밀스러운 공간이나 보물상자를 주고, 스스로 관리하게 하자.

아이템별 정리법 - 학습도구

책상 위 : 아이가 자주 쓰는 필기구는 연필꽂이에, 메모지·수첩·풀·가위 등은 바구니에 담는다. 학교에서 가져온 유인물을 올려둘 수 있게 서류함을 놓고, 학교에서 돌아오면 부모가 확인하기 쉽도록 빼놓을 수 있게 한다. 폐휴지함과 쓰레기통을 책상 가까이에 비치해서 생기는 즉시 버리게 한다.

책상 서랍 : 첫 번째 서랍에는 문구류와 공작도구를, 두 번째 서랍에는 전자제품과 취미용품(편지·구슬 등)을, 세 번째 서랍에는 미술용품과 악기류를 넣고, 서랍 앞에 크게 라벨링한다. 서랍에는 작은 바구니 여러 개와 칸막이 트레이를 넣고, 트레이 안에 라벨링을 해서 섞이지 않도록 한다.

문구류 : 서랍에 칸막이 트레이나 길쭉하게 생긴 바구니를 넣고, 문구 종류에 따라 분류해서 넣는다. 그리기 도구(색연필·사인펜·마카·매직 등)가 많다면 미니서랍을 마련해서 칸칸마다 종류별로 분류해서

　　　학습도구들을 분리해서 수납하고, 책상 위를 정갈하게 정리하면 좋다.

담고 라벨링한다.

　공작류 : 색종이·스티커·여분의 메모지는 지퍼백에 담고, 스카치테이프·가위·풀·스테이플러도 돌아다니지 않게 바구니에 담아 책상 서랍에 넣는다. 아이가 공작을 자주 한다면 서랍에 넣지 않고 바구니째로 책장에 오픈 수납하는 것도 좋다. 각종 도화지는 돌돌 말아서 통에 세로로 넣고, 스케치북이나 연습장은 책장에 세로로 꽂는다.

아이템별 정리법 - 책장

책 : 먼저 장르별(문학·학습·동화책·영어책·학습지)로 분류하고, 순서가 있는 책은 순서대로 꽂는다. 전집은 함께 꽂되, 순서대로 꽂을 필요는 없다. 순서가 없는 것들은 높이를 맞추면 깔끔해 보이며, 사이즈가 작은 책은 언더선반을 책장에 끼워서 눕히거나, 책장에 바구니를 넣고 그 안에 담는다. 맨 아래 칸에는 앨범이나 백과사전처럼 무거운 책을 꽂는다. 이때 주의할 점은 책을 빽빽하게 꽂지 않는 것이다. 책을 넣고 뺄 여유가 충분해야 쌓거나 아무데나 두지 않게 된다.

문제집/참고서/학습지 : 풀지도 않고 보지도 않으면서 방치된 오래된 문제집·교과서는 오히려 학습 의욕을 저하시킨다. 부담을 느끼지 않고 현재 학업에 집중할 수 있도록 정리한다. 지금 쓰고 있는 문제집·참고서·학습지는 3단 서류꽂이를 놓고 각각 구분해서 꽂는다. 서류꽂이가 없으면 북엔드로 고정한다. 참고서는 키 순서대로, 중요한 순서대로 꽂고, 문제집은 활용하기 쉽게 같은 과목·학원끼리 정리한다. 책꽂이 밑에 잘 보이게 라벨링하면 유지하기가 쉽다.

상장/작품 : 아이가 만든 작품은 버리기가 쉽지 않다. 또 아이 몰래 갖다버린다면 아이에게 상처가 될 수도 있다. 아이가 바라는 것은 버리지 않는 것이 아니라, 충분히 감상해주는 것이다. 부모는 아이에게 전시할 공간이 한정적이라는 것을 말해주고, 가장 마음에 드는 작품을 고르게 한 뒤 책장 한 칸에는 공작품을, 가족들이 잘 볼 수 있는 현관·냉장고에는 그림을 전시하고, 나머지는 수납함 또는 클리

〰〰 문제집과 참고서, 책 등을 분리해서 정리한 책상과 책장
〰〰 아이의 작품과 상장은 클리어파일에 정리하면 좋다.

어 파일에 보관한다. 보관되지 못한 작품, 6개월이 지난 작품들은 사진을 찍은 뒤 버린다.

　가정통신문 : 가정통신문을 까먹고 부모님께 안 보여주거나, 잃어버리는 아이들이 있다. 아이 책가방에 클리어파일을 넣어줘서 가정통신문을 껴 오도록 하거나, 알림장에 잘 끼워서 오게 당부하자. 알림장에 끼울 때는 뒤집어서 인쇄면이 바깥쪽으로 보이게 접어야 잊지 않을 확률이 높다.

아이템별 정리법 - 생활물건

옷 : 어린아이의 옷은 사이즈가 작기 때문에 옷장에 압축봉을 여러 개 설치하면 더 많은 옷을 넣을 수 있다. 상단 봉에는 지금 계절이 아닌 옷을 걸어놓고, 하단 봉에는 현재 자주 입는 옷을 건다. 옷걸이는 아이 옷 전용 옷걸이를 활용한다.

특히 아이들 옷은 접는 옷이 많으므로 서랍이 충분히 많은 게 좋다. 서랍 공간이 넓으면 칸막이나 바구니로 공간을 구분하고, 접은 옷은 세로로 수납한다. 영유아 바지는 크기가 작기 때문에 돌돌 말

～～～ 서진이가 입는 옷들은 한곳에 보관한다. 아이도 자기 옷, 속옷, 양말이 어디 있는지 안다.
～～～ 옷을 걸어서 보관하기보다는 서랍에 세로로 수납하면, 많은 양을 넣을 수 있다.
～～～ 양말이나 속옷은 튼튼하게 접어서 바구니에 넣는다. 아이가 갖다 놓을 때 던져놓아도 쉽게 풀리지 않는다.

아서 세로로 넣는다.

양말/속옷 : 양말과 속옷은 부피가 작기 때문에 칸막이가 많은 바구니를 여러 개 사서 칸 하나에 한두 개를 넣으면 된다. 고무줄에 끼워 넣는 신공을 발휘해서 튼튼하게 접기만 하면 사실 칸막이는 따로 필요하지 않고, 바구니에 분류해서 넣기만 하면 된다.

액세서리 : "오늘은 파란색 끈으로 묶을래"라고 말하는 아이를 위해 색깔별로 수납하는 것을 추천한다. 칸막이 바구니나 칸막이가 되어 있는 플라스틱 케이스에 칸칸마다 머리끈과 머리핀을 구분해서 담는다. 칸막이 바구니가 없으면 통을 여러 개 활용한다. 머리띠는 냉장고용 트레이에 색깔별로 구분해서 세로로 담으면 좋다.

가방 : 가방은 바닥이나 소파에 두지 않는 것을 철칙으로 한다. 책상 옆에 고리를 달아서 걸거나, 거는 것도 귀찮아하는 아이라면 큰 바구니나 협탁 위에 올려놓게 한다. 학원가방은 가방전용 수납 바구

머리끈과 머리띠 등 액세서리를 정리한 수납함

니를 활용하면 좋은데, 보통 아이들 가방 6~7개는 충분히 들어간다. 장롱 안에도 쏙 들어가는 사이즈이기 때문에 보이지 않게 수납할 수 있다.

<u>신발</u> : 사이즈가 작은 신발은 얇은 압축봉 두 개를 사서 중간에 설치하면 공간을 두 배로 쓸 수 있다. 서로 높낮이를 다르게 하고 간격을 좁게 하면 그 사이에 세로로 끼워 수납할 수도 있다. 영유아의 신발은 바구니에 세로로 수납한다.

아이방 정리 흐름 4단계 : 청소하기

정리정돈과 청소는 다르다. 그러나 초등학교 실과 교과서에서도 청소하기와 정리하기를 혼동해서 가르치고 있다. 청소는 쓰레기를 치우고, 청소기와 걸레질을 통해 먼지와 때를 제거하는 것이다. 정리는 안 쓰는 물건을 밖으로 빼내고, 새로 들어온 물건은 제자리를 만들어주며, 사용 후 제자리에 돌려놓는 것이다.

청소란?	정리란?
• 쓰레기를 치운다	• 안 쓰는 물건을 비운다
• 청소기를 돌린다	• 제자리를 만들어준다
• 걸레질을 한다	• 쓰고 난 뒤 제자리에 돌려놓는다

정리정돈과 청소는 다르기 때문에 따로따로 하는 것이 맞다. 그러므로 "먼저 정리를 하자" "일단 쓰레기부터 버리자" "정리가 끝났으니, 엄마가 청소기를 돌릴게. 너는 걸레질을 해줄래?"라고 정리와 청소를 구분해서 말하는 것이 좋다. 그래야 청소를 하기 전에 정리를 해야 한다는 사실을 깨달을 수 있다.

그 밖에 아이가 사용할 수 있는 전용 청소 도구를 마련해준다면 아이는 더 즐겁게 청소할 수 있다. 농구골대 모양의 휴지통, 아이가 사용하기 좋은 작은 빗자루와 쓰레받기 또는 휴대용 핸디 청소기, 아이 손에 맞는 극세사 손걸레는 청소하는 재미를 더해줄 것이다.

청소를 다 하고 나서는 "우와, 정말 잘 닦았네. 먼지가 없으니깐 더 상쾌한 기분이다"라고 말하는 것도 잊지 말자.

Tip

즐겁게 정리정돈을 배우는 정리 놀이들

1. 빨랫감 정리하기 게임

1) 준비물 : 빨랫감, 빨래바구니

2) 놀이 방법 :

▶ 아이와 엄마가 빨래바구니를 각각 하나씩 집어 듭니다.

▶ 1분 내에 누가 가장 많은 빨래를 모아오는지 내기를 합니다. "준비, 땅!"을 외치면 빨래바구니를 들고 집 안 구석구석에 던져져 있는 옷가지들을 주워 담습니다.

▶ 다음으로는 세탁기 앞으로 가서 넣기 게임을 합니다. 엄마는 흰색 옷, 아이는 색깔 있는 옷을 골라 세탁기에 넣는 게임을 합니다. 색깔 있는 옷이 훨씬 많아서 아이가 더 많은 일을 하면서도 이기는 느낌이 들어 좋아할 것입니다.

▶ 세탁이 끝난 후에는 옷 개기 게임을 합니다. 누가 더 반듯하게 접는지 게임을 하면 좋아할 것입니다.

3) 놀이 효과 : 세탁을 하는 과정에 대해서 알게 됩니다. 흰 옷과 색깔 옷을 분리할 수 있게 됩니다.

2. 키 높이 맞추기 놀이

1) 준비물 : 상자(책꽂이), 다양한 크기의 책

2) 놀이 방법 :

▶ 빈 상자를 준비해 아이만의 책장을 만듭니다(기존 책장을 이용해도 좋아요).

▶ 아이가 잘 읽고 좋아하는 책, 부모가 좋아하는 책 등 다양한 종류와 크기의 책을 모아놓습니다.

▶ 책을 종류별, 크기별로 분류합니다.

▶ 책을 구분해 넣을 수 있도록 상자(책장)에 이름표를 붙입니다.

▶ "키 높이를 맞추어보자. 키가 큰 것은 왼쪽, 작은 것은 오른쪽" "이건 더 작네~ 그렇다면 옆으로, 옆으로" 등 책 높이와 크기를 맞추어 정리합니다.

3) 놀이 효과 : 기초적인 분류 능력을 향상시킬 수 있습니다.

3. 누가 누가 더 빨리 담나?

1) 준비물 : 장난감, 수납통

2) 놀이 방법 :

▶ 아이와 장난감을 가지고 놀다가, 놀이가 끝나고 아이가 자리에서 일어나려고 하면 게임을 제안합니다.

▶ 늘어놓은 장난감을 수납통에 누가 더 많이 넣나, 누가 더 빨리 담나 시합합니다.

▶ 노래를 부르면서 크기와 색을 분류해서 장난감을 담습니다.

▶ "이렇게 정리해두면 다음에 또 가지고 놀 수 있겠다" "이렇게 정리해두면 장난감을 잃어버리지 않겠다" 등 이야기를 나누면서 정리정돈의 중요성을 알려줍니다.

3) 놀이 효과 : 게임을 끝내고 정리된 깨끗한 공간을 보면서 성취감을 느낄 수 있습니다.

4. 내 짝을 찾아주세요

1) 준비물 : 수납장(수납함), 다양한 크기의 신발(어른 신발, 아이 신발, 실내화 등 크기와 용도가 다른 신발)

2) 놀이 방법 :

▶ 현관에 나와 있는 다양한 크기의 신발을 뒤섞어 놓습니다.

▶ 신발 크기와 모양이 어떻게 다른지 이야기를 나눕니다.

▶ 짝이 맞지 않은 신발을 나란히 놓고 어색한 부분을 이야기합니다.

▶ 부모는 신발을 들어 아이에게 짝을 찾게 합니다.

▶ 짝을 찾으면 신발이 어떤 모양인지, 누구에게 맞는지, 어떤 일을 할 때 신는지 등

이야기를 나눕니다.

▶ 나머지 신발도 크기와 모양에 맞추어 짝을 찾고 구분합니다.

▶ 분류된 신발을 신발장이나 수납함에 가지런히 정리합니다.

3) 놀이 효과 : 신발 용도를 맞히는 과정을 통해 문제 해결 능력을 발달시킬 수 있습니다.

5. 어디에 필요한 물건일까?

1) 준비물 : 일정한 공간에 필요한 물건(화장실–비누, 칫솔, 타월 / 부엌–숟가락, 국자, 냄비, 컵 / 옷장–양말, 속옷, 상·하의 등)

2) 놀이 방법 :

▶ 거실에 늘어져 있는 물건들을 하나씩 손에 들고, 어느 공간에 필요한 물건인지 물어봅니다.

▶ 아이가 대답을 하면 정답을 알려주고 소품이 어떻게 활용되는지 이야기를 나눕니다.

▶ 아이는 물건이 필요한 공간에 제자리를 찾아 가져다 놓습니다.

3) 놀이 효과 : 각 물건의 목적과 위치에 대해 배울 수 있습니다.

6. 칭찬 스티커를 붙여요

1) 준비물 : 도화지, 공책, 색종이, 가위, 풀, 색연필, 스티커

2) 놀이 방법 :

▶ 아이와 함께 종이나 공책에 스티커를 붙일 수 있는 달력을 만듭니다.

▸ 아이가 좋아하는 캐릭터, 동물, 꽃 등을 정해서 그림을 그리고 종이를 오려 붙입니다.

▸ 잘 보이는 장소를 정하고 스티커 판을 붙입니다.

▸ 하루하루 정리를 마친 후 목표 달성 스티커를 붙입니다.

▸ 장난감을 정리했으면 노랑, 옷 정리를 했으면 파랑, 책 정리를 했으면 빨강 등 성격에 따라 스티커를 구분합니다.

▸ 일주일 동안의 정리 횟수를 세어봅니다.

▸ 목표를 달성하면 아이가 좋아하는 것으로 상을 주고 다음 목표를 정합니다.

3) 놀이 효과 : 목표를 정해서 꾸준히 달력을 채워나가면 맡은 일에 대한 책임감을 형성할 수 있습니다. 목표 달성에 따른 상을 통해 칭찬과 보상, 기다림의 개념을 깨달을 수 있습니다.

아이의 꿈을 키워주는 시간 정리법

타임푸어 때문에 힘든 엄마들

전 직장동료 K씨를 오랜만에 만났다. 그녀는 매우 지치고 피곤해 보였다. 요즘 많이 바쁘냐고 물어보니, 큰아이가 학교에 가고 난 뒤로 하루하루가 숨 가쁘다고 했다. 나는 그녀에게 어제의 일상을 물었다.

"어제? 아침에 애들 등교 준비시키고, 출근했지. 오늘 회의시간에 내가 발표하기로 한 게 있어서, 원래는 팀원들이랑 다 같이 야근하면서 마지막 점검을 하기로 했거든. 근데 남편이 외근이라 늦게 온다는 거야. 그래서 팀원들한테 자료 보내놓으면, 집에 가서 내가 마무리하겠다고 하고 엄청 눈치 보면서 나왔지. 어린이집 가서 둘째 데리고 오고, 조금 있다가 큰애 학원차 마중 나갔다가 들어와서 저녁 먹이고. 또 뭐 했더라. 아, 큰애 숙제 좀 봐줬구나. 그러니깐 남편이 집에 왔는데 저녁도 안 먹고 왔대. 다시 저녁 차려주고. 애 아빠가 애들이랑 좀 놀아주는 사이에 설거지하고, 빨래 널고, 애들 씻기고, 재우고.

11시 돼서 내일 발표자료 준비하려고 식탁에 딱 앉았는데, 갑자기 빨래 세제랑 샴푸 떨어진 게 생각나는 거 있지. 맨날 퇴근하는 길에 산다는 걸 까먹어. 그래서 쇼핑몰 들어가서 이것저것 필요한 거 주문했더니 어느새 12시. 메일함 열어서 자료 모으고, 일 좀 해보려고 했더니 왜 이렇게 눈꺼풀이 무거운지. 정말 마음에 들지 않았지만 대강 해버리고 1시에 자버렸어. 오늘 7시까지 출근해서 발표자료 만들고, 발표도 그럭저럭 잘 마치긴 했는데, 팀원들이 보낸 거 거의 취합만 하고, 수정을 많이 못해서 그런지 미안하더라."

말로만 듣고, 상상만 했던 워킹맘의 정신없는 하루가 눈앞에 그려졌다. 어제 하루 중에 온전히 그녀 자신을 위한 시간은 없는 것 같았다. 타임푸어였다. 2014년 한국고용정보원에 따르면 한국 전체 인구의 42퍼센트가 타임푸어, 즉 시간 빈곤 상태를 느낀다고 한다. 일과 생활을 모두 영위하려다 보면 결국 줄여나가야 하는 것은 식사 시간과 수면 시간이 된다. 그런데 그것은 다시 만성 피로와 생산성 저하의 원인이 된다. 여성의 경우 특히 남성보다 타임푸어에 속하는 범위가 무척 넓다. 920만 명으로 추산되는 타임푸어 중 56퍼센트인 510만

명이 여성으로 집계된다. 더군다나 근로자이기까지 한 워킹맘이라면 회사 일과 함께 육아와 가사에 신경을 쓰느라 엄청난 시간의 불평등에 시달린다.

부모의 시간 정리 원칙

아이의 시간 관리는 부모의 시간 관리라고 해도 지나치지 않을 정도로, 부모의 생활방식이나 태도, 그리고 양육에 대한 가치관에 영향을 받게 되어 있다. 그러나 시간을 쪼개 쓰고 있는 부모들조차도 시간 관리가 잘되지 않는 것이 현실이다. 특히 엄마들은 일도 가정생활도, 양육에도 충실하지 못하는 상황에 불만족을 느끼며, 죄책감에 시달린다.

한동안 시간 관리에서 중요한 키워드가 '균형'이었다. 그러나 균형을 잡으려다 보면 모든 일을 잘 처리하고 싶은 욕심에 사로잡히게 된다. 시간이라는 한정적인 자원을 관리하기 위해서, '적당히'를 알 수 없는 다양한 일에 시달리는 여성들에게 '균형'보다 중요한 것은 '중심을 잘 잡는 것'이다. 그렇다면 삶의 중심을 잡기 위해서는 어떤 방법들이 있을까?

먼저 집안일은 온 가족이 함께하고, 가전제품이나 서비스의 도움을 받아야 한다. 점차 육아관련 사회복지제도의 확충과 직장문화의 변화에 대한 필요성이 제기되고 있으나, 당장 처한 문제를 해결하기 위해서는 국가 지원이나 사회적 변화를 기대하기 전에 개인의 변화부터 도모하는 것이 더 빠를지도 모른다. 최상책은 남편이 가사와 양육을 분담하는 것이다. 남편이 가사일에 참여하는 것은 맞벌이가 늘어나는 사회에서 아이들에게도 좋은 롤모델이 되고, 부부에게는 정서적인 지지가 되며, 가계경제에도 도움이 된다. 또 남편과 아내 모두 가사노동을 줄여줄 건조기, 로봇청소기, 식기세척기와 같은 가전제품을 이용하거나, 일주일 한두 번 가사 도우미를 고용하는 것도 적극적으로 고려해봐야 한다.

그리고 무엇보다 육아에 대한 나만의 확신을 갖는 게 중요하다. 이미 지나간 세대의 조언, SNS에 퍼날라지는 육아 관련 칼럼들, 주변 사람들의 선의의 충고들을 귀담아 듣는 것은 엄청난 에너지와 시간을 잡아먹는 일이다. 전문가라는 권위, 친구들, 육아 선배들의 목소리는 늘 나보다 확신에 차 있어 보이지만, 결국 내 아이는 내가 잘 알고, 각자 가족에게는 라이프스타일이라는 것이 있는 법이다. 또 내가 직접 아이를 키우면서 거듭 느끼는 것은 부모가 되는 과정이란 남들이 알고 있는 답을 얻기 위한 것이 아니라 스스로 배워나가고 답을 만들어 나가는 과정이라는 것이다.

마지막으로 자신의 취향과 즐거움을 위한 일을 적극적으로 선택해야 한다. 즐거움이란 육체적 쾌락이나 순간적 만족만을 의미하지 않는다. 마음속 깊숙한 곳에서 소중하다고 느끼는 가치관을 배신하지 않고 그것과 함께 살아가는 것을 의미한다. 가치 있다고 느끼는 어떤 것을 소신껏 선택할 때, 마음의 평화와 기쁨을 느낄 수 있다. 그러기 위해서는 필요에 따라 단호하게 거절을 할 줄 알아야 한다. 거절하지 못하면 '선착순' 원칙에 따라 일을 처리하거나, 발생되는 모든 일을 다 처리하려고 할 것이기 때문이다.

이것을 구체적으로 실천할 수 있는 방법 중 하나는 '지금보다 덜 해야 할 일 목록'을 만드는 것이다. 자신을 우울하게 하고 의기소침하게 하며 마음을 무겁게 하는 것들뿐만 아니라, 인터넷 쇼핑이나 TV 보기처럼 나도 모르게 시간을 잡아먹는 시간 도둑들 같은 것들도 모두 적는다.

그런데 적을 때 주의할 사항이 있다. 이 목록은 오직 자기 자신에게 해당된다는 것이다. "아무리 그래도, 이건 해야지. 다들 하고 있으니까. 다른 사람들이 뭐라고 할지도 몰라. 어쩔 수가 없어." 이런 마음이 들더라도 마음이 내키지 않고 꺼려지는 일들은 일단 모두 적어야 한다. "어떻게 해야 이 모든 것들을 해낼 수 있을까?"를 생각하는 대신 "어떤 일은 안 해도 될까? 어떤 일을 덜 할 수 있을까?"를 고민하는 것이다.

두 번째 방법은 황금시간을 확보하는 것이다. 황금시간이란 자신이 반드시 사수해야 할, 오로지 나만의 기쁨을 위한 시간을 내는 것이다. 예를 들어, 아침에 한 시간 정도 일찍 일어나서 운동을 다녀올 수도 있고, 아이가 낮잠 자는 1~2시간 정도는 블로그에 글을 쓰거나, 좋아하는 영화를 볼 수도 있다. 자투리 시간을 이용할 수도 있다. 출퇴근 이동 시간에는 무조건 책을 읽는 것이다. 그러면 하루 2시간 정도는 꾸준히 책을 읽는 데 시간을 낼 수 있다. 황금시간에는 최대한 방해되지 않도록 전화기를 꺼놓거나, 가족들에게 도움을 요청하거나, 아예 집 밖으로 나가는 방법을 선택해야 한다.

시간 정리의 최종 목적은 '마음의 평화'를 얻는 것이다. 우리는 시간을 정리함으로써 모든 일을 성공적으로 했다는 자타의 평가가 아닌, 스스로 '마음의 평화'를 얻을 수 있다. 시간 정리는 삶의 잔가지들을 없애고, 흩어진 삶의 조각을 모아 시간을 통으로 쓰게 해준다. '큰일을 먼저 하라. 그러면 작은 일들은 저절로 해결될 것이다'라는 명언이 있다. 우리에게 큰일은 다른 사람들이 준 의무가 아니라, 우리가 스스로 선택한 일들이 되어야 함을 명심하도록 하자.

ACTION PLAN

Q. '조금 덜 해야 하는 목록'을 작성해봅시다.

* _____

* _____

* _____

* _____

* _____

> Q. 황금시간을 정하고, 그 시간에 할 일을 정해봅시다.

아이의 시간 정리 1단계 : 습관이란 시스템 만들기

● ● ●

지금부터는 아이들의 시간 정리를 도와줄 방법을 알아보겠다. 시간이란 눈에 보이는 것이 아니기 때문에 어른들도 관리가 힘들다. 추상적 사고가 안 되는 아이들이 시간을 관리한다는 것은 거의 불가능에 가깝다. 시계를 볼 줄 알게 되더라도 스스로 몇 시에 무엇을 해야 한다는 생각을 갖기는 어려운 것이다.

하지만 어렵게 생각할 필요 없다. 공간 정리와 기본 방식은 똑같다. 공간에 목적을 찾아주듯이 시간의 목적을 찾아주면 된다. 아이들의 발달과업 중에서 우선시되는 것은 올바른 생활태도와 습관을 만들어주는 것이라 할 수 있다. 좋은 습관을 들인다는 것은 마치 일과에 제자리인 시간을 만들어주고, 일과가 끝난 후 제자리에 돌려놓는 것과 같다. 즉, 제때 올바른 행동을 하는 것이다.

미국의 심리학자 윌리엄 제임스는 1892년에 "우리 삶이 일정한 형태를 띠는 한 우리 삶은 습관 덩어리일 뿐이다"라고 말했다.《습관의 힘》의 저자 찰스 두히그는 우리가 매일 반복하는 선택들은 본인 스스로 신중하게 생각하고 내린 결정의 결과물로 여기겠지만 대부분의 선택은 습관에 의한 것이라고 한다. 습관 하나하나가 그 자체로는 상대적으로 큰 의미가 없지만, 매일 먹는 음식, 얼마큼 저축하고 소비하는지, 얼마나 자주 운동하는지, 생각과 일과를 어떻게 정리하는지 등이 결국에는 건강과 생산성, 경제적 안정과 행복에 엄청난 영향을 미치는 것이다.

아이들에게 습관을 들여주는 것은 쉬운 일이 아니지만, 조금만 노력하면 부모가 일일이 잔소리를 하지 않아도 스스로 좋은 행동들을 하게 할 수 있다. 먼저 습관을 만드는 원리부터 알아보자.

습관을 만드는 원리

영어학습법 중에 '청킹(Chunking)'이라는 개념이 있다. 청킹이란 '덩이짓기'라는 말로, 단어 여러 개를 묶어서 의미를 파악하는 것이다. 예를 들어, 'I want to have time with my family'라는 문장이 있다. 단어 하나하나를 해석하면 I는 '나', want는 '원하다', to는 '~을', have는 '가지다', time은 '시간', with는 '~와 함께'다. 이런 식으로 파악하다 보면 시간이 오래 걸려서, 다음 대화는 듣지도 못하고 지나가 버리게 될 것이다. 그러나 청킹을 활용하면 훨씬 더 이해가 쉬워진다. I want to have time, '나는 시간 갖길 원한다'와 with my family, '나의 가족들과 함께'로 크게 두 덩어리로 나누어 이해하면 더 쉽고 빠르게 이해할 수 있게 된다.

  청킹이라는 학습법에 대해 이렇게 자세히 설명하는 이유는 습관이 형성되는 비법도 청킹에 있기 때문이다. 단어 하나하나의 뜻을 이해하는 것보다 청킹으로 만들었을 때 뇌가 처리해야 하는 정보들이 줄어드는 것처럼, 해야 할 일들을 덩어리로 묶어서 자동화시키면 각각의 처리해야 할 일들이 줄어들고, 별다른 에너지를 들이지 않고도 많은 일을 처리할 수 있게 된다. 이것이 바로 습관이다.

  단기기억에 대한 연구 분야에서도 뇌가 일련의 행동들을 기계적인 관례로 변환하는 과정을 '청킹'이라고 칭한다. 우리는 매일 최소한 수십 가지의 행동덩이들을 반복하고 있다. 일어나자마자 칫솔에 치약을 묻히는 단순한 행동부터, 옷을 입거나 아이들의 점심 식사를 준비하는 행위처럼 다소 복잡한 행동까지. 처음에는 복잡하고 힘든 일이겠지만, 행동이 습관이 된 사람들은 이런 일련의 일들을 별생각 없이 해낸다. 예를 들어, '집에 돌아온다'와 '바로 손을 씻는다'라는 일

을 한 덩이로 만들고, '방에 들어온다'와 '가방을 제자리에 놓는다'를 연결하면 따로 시간을 내어 처리할 필요가 없는 일이 되는 것이다.

효과적인 습관규칙 만들기

생활습관이란 것은 타이밍을 잘 지키는 것이다. 자잘한 일들은 때를 놓치면 한없이 미루고 싶은 일이 되기 때문이다. 그런데 시간개념이 약한 아이들에게 매 시간 해야 할 일을 하게 하는 것은 현실적으로 어렵다. 그것은 정리를 잘 못하는 사람에게 칸칸마다 넣어야 할 물건들을 정해주고, 각을 잡아 정리정돈을 시키는 것만큼 어렵고 번거로운 일이다. 방학 때 만들었던 동그란 원을 시간별로 쪼개놓은 생활계획표가 작심삼일, 무용지물이 되었던 이유다.

시간개념이 약한 아이들에게 효과적으로 생활규칙을 만들어주는 방법이 있다. 'If-then 플랜'이라는 것이다. If-then 플랜은 '만약 x라면, y하겠다'라는 형식으로 규칙을 만드는 것이다. 그러면 x라는 상황이 벌어졌을 때, 상황 자체가 y라는 행동을 이끄는 강력한 신호이자 동기가 되며, 어떤 상황과 구체적인 행동 규칙을 정할수록 미루지 않을 수 있게 되는 것이다. 예를 들어, '집에 오면, 손을 닦는다' '학원에 갔다 돌아오면, 숙제를 한다'처럼 말이다. 아이들이 규칙을 익힐 수 있도록 그저 '손 닦아라'라고 말하는 것보다, '집에오면 손!'이라고 알려주는 것이 훨씬 효과적이다. 여러번 반복해서 익히게 되면 부모님이 일일이 얘기하지 않아도 상황 자체가 아이에게 행동의 신호가 될 것이다.

　자녀의 나이가 어리다면 처음부터 너무 많은 규칙을 만드는 것보다 하나씩, 두 개씩, 세 개씩 늘려나가는 것이 좋다. 또 가족들이 함께 지키는 모습을 보여주어야 혼란이 없다. 규칙을 잘 지켰을 경우에는 "우와, 미리 숙제를 해놓으니깐 기분이 좋지? 아주 잘했어. 칭찬스티커 하나 줘야겠네!" 이렇게 보상과 칭찬을 통해 좋은 기분을 강화시켜준다면 효과적이다.

　자녀가 초등학교 고학년이라면 잔소리를 하거나 할 일을 일러주지 않고 스스로 생각할 수 있게 질문을 한다. "마지막 사람이 화장지를 다 쓰면 어떻게 해야 다음 사람이 불편하지 않을까?" "내일모레 학습지 선생님 오시는 날이네. 오늘 좀 해야 내일 안 힘들겠지?"처럼 말이다.

ACTION PLAN

Q. 아이가 반드시 지켰으면 하는 생활습관을 if-then 플랜 형식으로 만들어보세요.

타임블록을 통해 생활습관 만들기

아이가 커갈수록 해야 할 일과 학습량이 늘어난다. 그래서 기본적인 일과를 습관으로 만들어서 큰 힘을 들이지 않고도 자동적으로 해내게 해야 한다. 이때 타임블록을 나누어서 관리하면 효과적이다. 자녀들의 일상에서 가장 큰 이벤트이자, 주요 활동은 학교(어린이집, 유치원 포함)에 가는 것이다. 하루의 타임블록을 학교와 학원을 중심으로 '등교하는 날 아침' '방과 후' '학원 가기 전/후' '자기 전'으로 나누고, 타임블록마다 해야 할 일을 일정한 흐름 속에서 자동적으로 반복하게 한다.

등교하기 전 : 일어나서 해야 하는 일련의 행동들을 알려주자. 글씨를 안다면 아침 일과표를 잘 보이는 곳에 크게 적어 붙여두는 것도 좋은 방법이다. 세수하기(가글하기), 옷 입기, 밥 먹기, 양치하기, 가방 챙기기, 등교하기 등으로 말이다. 알람으로 기상 시간과 밥 먹는 시간은 확실히 정해서 늑장부리지 않게 한다.

방과 후 : 집에 오자마자 책가방을 걸어두는 자리에 걸고, 학교에서 받아온 유인물들을 정해진 자리에 넣는다. 건강한 간식거리를 정해진 곳에 채워두고 스스로 먹게 한다. 휴식시간도 정하는 것이 좋다. 학교가 끝나고 한 시간 동안 휴식시간을 갖는다거나, 잠자기 전 한두 시간을 자유시간으로 보낸다든지 말이다.

학원 가기 전/후 : 학원 또는 학교 숙제를 언제 할 건지 미리 정한다.

간식 먹고서 할 건지, 학원에 다녀와서 할 건지 말이다. 아이가 더 크면 재량에 맡긴다. 숙제, 책가방 싸기(준비물 챙기기), 집안일 등 마지막으로 해야 할 일들의 끝내는 시간을 정한다. 그 시간 이후에는 가족과 함께 보내거나 자유로운 시간을 보낼 수 있게 한다.

  자기 전 : 미리 학교 갈 준비를 해놓으면 아침의 분주함이 없어진다. 내일 입을 옷과 머리스타일까지도 미리 정하게 한다. 아이가 좋아하는 캐릭터의 알람시계를 사주고, 사용법을 알려준 뒤 자기 전에 조작하게 하고, 다음 날 아침에 스스로 일어날 수 있게 한다.

ACTION PLAN

★ 자녀와 함께 해보세요!

Q. 타임블록 별로 생활습관으로 만들어야 하는 일련의 일들을 순서대로 적고, 아이와 함께 순서와 마감시간을 공유하세요.

타임블록	시작~마감시간	할 일(청킹)	중간 마감시간
등교하기 전			
방과 후			
학원 가기 전			

학원 다녀온 후			
자기 전			

아이들에게 가르쳐줘야 할 시간 관리 도구 사용 습관

아이들이 일정(스케줄)과 할 일 개념을 익힐 수 있는 다양한 시간 관리 도구들이 있다. 아이들은 시간 관리 도구를 활용함으로써 자연스럽게 해야 할 일을 관리할 수 있을 것이다. 처음에는 부모가 주도적으로 사용하고, 아이에게 활용 방법을 공유한다. 그러나 아이가 바로 할 수 있는 것들은 직접 해보게 하거나, 사용 방법을 알려줘서 점차 스스로 사용할 수 있도록 한다.

시계 : 시계는 가장 기본적인 시간 관리 도구다. 초등학교 1학년 정도가 되면 기본적으로 시계 보는 방법을 알려준다. 시를 읽게 하는 것은 비교적 쉽지만, 분을 읽게 하기 위해 60진법을 이해시키는 것이 쉽지는 않다. 시각적으로 1시간은 60분이며, 60분의 반이 30분, 30분의 반은 15분이 된다는 것을 이해시키는 방식으로 가르친다. 더불어 시간이란 것은 돌아오지 않고 계속해서 흘러가는 것이며, 특정 시간

이 되면 해야 할 일을 시작하거나 마무리해야 함을 알려준다.

알람 : 소리라는 신호를 통해 할 일과 시작할 시간을 알려준다. 특히 캐릭터 알람 시계는 아이가 기상시간을 지키게 하는 데 유용하다. 휴대폰 알람은 등교 시간, 학원가는 시간 같은 매일 반복되는 일에 대해서 반복 설정을 해두면 잊지 않고 일을 처리하게 할 수 있다.

스톱워치(타이머) : 해야 할 일의 시작점과 끝점을 설정한다. 스톱워치를 활용할 때의 사용 규칙은, 반드시 한 가지 일에만 집중하고, 알람이 울리면 단호하게 중단해야 한다는 것이다. 식사 시간, 숙제하는 시간, 컴퓨터 게임하는 시간, 스마트폰 하는 시간 등등에 활용한다.

달력 : 학교나 가정의 크고 중요한 행사를 유념하고, 준비하게 한다. 친구 생일파티, 친구와의 약속, 현장학습, 운동회, 여행, 할머니와 할아버지 생신 등등 스마트폰에 있는 캘린더에 반복 설정을 해두면 해가 바뀌어도 계속 기억할 수 있고, 미리 알림 기능은 선물 등을 미리 준비하는 데 도움이 된다.

메모장(알림장) : 학교/학원 숙제나 준비물 등등 매일 잊지 않고 해야 할 일을 적게 한다. 여러 개를 사용하지 말고, 하나의 메모지나 노트를 활용한다. To-do-list처럼 체크박스가 있는 것을 사용해서, 처리한 일을 체크하게 한다.

파일/파일함 : 학교/학원에서 나눠준 유인물은 집에 와서 잊지 않게, 그리고 부모와 공유할 수 있게 가방에서 꺼내서 보관해놔야 한다. 그러기 위해서 책상 위에 파일함을 마련하면 좋다. 보관이 중요한 것이 아니라, 유인물의 내용을 습득하고 실행해서, 파일/파일함을 비우는 것이 목적이다. 정보를 다 얻거나, 실행한 것, 유효기간이 지난 것은 그 즉시 폐기한다.

일기장 : 매일 반복되는 일상 같지만 크고 작은 일들이 생기고, 아이들의 생각도 나날이 변화하고 발전한다. 일기를 쓰면 글 쓰는 훈련도 되고, 자신의 감정이나 생각을 잘 정리할 수 있는 능력이 키워진다. 위대한 삶을 살았던 사람들 중 일기를 꾸준히 썼던 사람이 많다는 것은 우연이 아니다. 미래일기, 감사일기, 실수/성공일기, 질문일기처럼 재미있게 쓸 수 있는 방법들이 있다.

포스트잇 : 포스트잇은 한시적으로 원하는 장소에서 잊지 않기 위한 메모로 활용하기 좋다. 급하지 않다면 간단한 의사소통을 하거나, 자기 자신이 잊지 않기 위해 하는 메모로도 유용하다. 자신이 상기시킬 수 있는 곳에, 혹은 상대방이 볼 수 있는 곳에 붙여놓고, 목적을 달성하면 지저분하게 쌓이지 않도록 버리자.

A4 용지 : A4 용지를 보면 왠지 모르게 뭔가를 적거나 그리고 싶은 동기가 생긴다. 자유롭게 글을 쓰고 그림을 그리며 생각이나 정보를 정리하기에 좋다. 평소 배운 것을 마인드맵이나 비주얼싱킹으로 활용하면 학습과 창의력 향상에 도움이 된다.

시간 관리의 핵심은 올바른 습관을 만들고, 자기 자신을 관리하는 것이다. 일련의 행위들이 자녀의 습관이 되게 하려면, 사용 규칙만 알려줄 것이 아니라, 실제로 적절한 행동을 할 수 있도록 때로는 단호히 지도할 필요가 있다.

아이의 시간 정리 2단계 : 우선순위의 개념 만들기

아이들은 발달과업이 우선순위

'놀이는 아이들의 일이다'라는 말이 있다. 미취학 아동, 초등학교 저학년 아이들도 교육기관에 보내거나 방문교사가 와서 학습이 이루어지는 경우도 있지만, 그들에게는 아직까지 자유롭게 노는 게 일이다. 그뿐만 아니라 학습과 놀이를 구분해서 우선순위를 두는 것도 학습에 대한 흥미를 잃게 할 수 있다. 놀이를 하면서 학습을 하고, 학습도 놀이처럼 해야 하는 것이다. 가장 좋은 것은 일상생활 속에서 자연스럽게 학습이 일어날 수 있도록 그때그때마다 도움을 주는 것이다.

특히, 미취학 아동들은 여전히 신체활동과 창의성을 길러주는 활동을 하는 것이 좋다. 아이가 충분히 흥미를 느낄 수 있는 놀이를 하되, 장난감의 양을 적절히 제한하고, 장난감 외에 미술용품이나 일상용품 등의 다양한 도구를 주어서 스스로 상상력을 발휘하고 창의적인 활동을 할 수 있는 여건을 만들어준다. 가장 좋은 것은 친구들과 서로의 집을 오가며 함께 놀게 하거나, 공원이나 도서관에 가서 자연을 느끼게 하고 책과 친해질 수 있게 하는 것이다.

요즘에는 '아이는 뽀로로가 키운다'라는 말이 있을 정도로 영상매체들이 부모들에게 금쪽같은 자유시간을 선사해주기도 한다. TV, 컴퓨터, 스마트폰, Wii와 같은 디지털기기들은 잘만 활용하면 아이들에게 숫자와 컬러 감각, 그리고 음악의 리듬을 즐기게 해주고, 스마트펜은 책에 대한 흥미를 불러일으켜주기도 한다. 하지만 디지털기기들은 중독되기가 쉽기 때문에 적절한 선에서 허용하는 것이 현명하다. 언제, 얼마만큼, 어떤 일을 하고 나서 그것들을 갖고 놀 수 있는지, 아이와 합의된 규칙을 정해서 원칙대로 지켜나가야 한다.

취학 이후에는 우리 아이가 학습에 뒤처지지 않을까 조급함이 생기기도 하는데, 이때 초등학교 저학년 교과의 목적은 지식을 머릿속에 집어넣는 것이 아니라, 읽기와 셈하기의 기본을 익히는 것임을 유념하자. 숙제도 아이에게 교과 내용을 이해시키는 것보다는 학교에서 정한 규칙이나 의무를 성실하게 수행하는 태도를 길러주는 데

더 중점이 있다.

따라서 부모는 아이들이 학교생활에 잘 적응해나가는지, 어려움이 없는지, 관심을 갖고 대화를 나누고, 위생이나 등교, 숙제와 준비물 챙기기처럼 기본적인 생활태도가 잘 자리 잡을 수 있도록 지도하는 것이 그 시기의 중요한 우선순위가 되어야 한다.

ACTION PLAN

★ 자녀와 함께 해보세요!

Q. 아이와 함께 디지털기기의 사용 규칙에 대해 정해보세요.

| 무엇을?
언제?(~을 하고 나서)
얼마만큼? | |

우선순위를 가르치는 집안일 거들기

시간 관리의 기본은 일의 우선순위에 대한 개념을 깨닫는 것이다. 우선순위에 대한 개념을 어떻게 알려주면 좋을까?

공간 정리를 할 때 '밀어내기법'이 있다. 한정된 공간에서 더 중요한 물건이 덜 중요한 것을 밀어내는 것이다. 예를 들어, 쇼핑한 새 옷을 옷장에 정리할 때, 잘 입지 않는 헌 옷 두 개를 빼내는 것처럼 말이다. 이 방법은 집안에 우후죽순으로 물건이 늘어나지 않도록 총량을 규제하는 데 도움이 된다. 시간도 마찬가지다. 우리는 날마다 24시간이라는 한정된 시간을 활용하고 있다. 게다가 A라는 일과 B라는 일을 동시에 하는 것은 불가능하므로 A라는 일을 하다 보면 B의 일은 뒤로 미루어지거나 할 시간이 없어지게 된다. 더 중요한 일들이 상대적으로 덜 중요한 일들을 밀어낼 수 있도록 우선순위를 만들어줘야 한다.

초등학교 저학년 때는 학교 숙제, 학습지, 학원 숙제처럼 해야 할 일이 좀 더 명확해진다. 아이에게 미리 일의 우선순위를 알려주고, 책임감을 심어줄 수 있는 좋은 방법은 없을까? 앞서 습관에 대한 내용에서 이야기한 것처럼 밥 먹는 시간, 목욕하는 시간, 잠자는 시간 등 기본적인 생활 규칙을 지키게 한다. 그리고 집안일을 돕게 하자. 집안일이라는 것은 물리적인 행위가 필요한 것이고, 시작과 끝이 명확하기 때문에 아이들에게 '해야 할 일'에 대한 개념을 명확하게 심어줄 수 있다. 게다가 공간 정리 파트에서도 여러 번 강조했지만 집안일을 돕게 하는 것은 어른들을 흉내 내는 놀이처럼 생각되고, 자신이 중요한 가족 구성원임을 느끼게 하며, 맡은 일을 해냈다는 성취감을 느끼게 하는 교육적 효과가 있다.

아이들은 특히 분무기로 물을 뿌려서 상을 닦거나, 밀걸레로 바닥을 닦거나 하는 일들을 직접 해보고 싶어 한다. 식사 준비를 하거나, 화분에 물을 주는 아주 쉬운 일부터 함께 참여시켜보자. 아이가 좀 더 커서 본격적으로 아이가 할 수 있는 일을 분담하게 할 때는 요령이 필요하다. "네 방은 앞으로 네가 청소해" "이제 수저와 젓가락은 네가 놓아"라고 엄하게 말하면 안 된다. "자, 이제 너도 컸으니 네 방을 혼자 청소해볼래?" 하고 명랑하게 말하는 것이다. 그리고 친절하게 청소하는 방법(도구 사용법), 옷 개는 방법, 식기세척기에 그릇 넣는 방법 등을 알려준다.

가르쳐줄 때는 네 단계의 과정을 거치는 것이 좋다. 처음에는 부모가 어떻게 하는지 보여주고, 두 번째는 함께 해주며, 세 번째는 지켜봐주고, 네 번째는 스스로 완전히 하게끔 하는 과정을 여러 번 거치다 보면 점점 더 능숙하고 익숙하게 해낼 수 있을 것이다. 이런 식으로 아이가 할 수 있는 선에서 '해야 할 일'을 한두 개씩 만들어주고, "그 일을 끝내고 나면 TV를 마음껏 봐도 좋아"라고 말한다면 자연스럽게 일의 우선순위와 약속의 개념을 익힐 수 있게 될 것이다.

ACTION PLAN

★ 자녀와 함께 해보세요!

Q. 아이가 즐겁게 시작할 수 있는 집안일에는 무엇이 있을까요?

우선순위 재점검하기 1 : 비효과적인 시간 비우기

 아이가 중학생이 되면 학업을 위한 효과적인 시간 관리법에 대한 필요성이 생긴다. 공부 잘하는 아이와 공부 못하는 아이에게는 동일하게 24시간이 주어지지만 그것을 어떻게 전략적으로 활용하는가에 따라 전혀 다른 결과가 생긴다. 어떤 시간 관리 전략이 효과적인지 알아보자.

 교육생이었던 S님의 부탁으로 중학생 자녀를 상담한 적이 있다. 아이를 1년간 유급시켜서 아는 사람을 통해 미국유학을 보냈는데, 한국에 돌아와서는 공부를 게을리해서 속이 상한다는 것이었다.
 아이는 나와의 만남을 어색해했지만, 직업이 정리 컨설턴트인데 사람들이 살아가는 데 발생하는 스트레스와 낭비를 줄여주는 일을 한다고 설명을 해주니, 새로운 직업을 만들었다는 점에서 흥미를 보였다. 방과 후 시간을 어떻게 보내고 있는지 물었는데, 청소년 아이들이 제일 바쁘다는 말을 실감할 수 있었다. 주말에는 1시부터 8시까지 대형학원 종합반에서 종일 시간을 보내고, 평일에는 영어와 독서논술, 학원 보강을 받고, 숙제를 하거나 휴식을 조금 취하면 12시가 넘어야 잠자리에 든다는 것이다.
 이런저런 이야기를 나누며 시간을 좀 보냈더니 아이는 조금씩 속마음을 비치기 시작했다. 교육에 대해서 전폭적인 지원을 해주겠다는 말을 귀에 딱지가 앉게 들어왔던 터라 부모님의 기대에 부응하고 싶었지만, 노력하는 것에 비해 성적이 나오지 않아 본인도 스트레스를 받는다고 했다. 게다가 한 살 아래의 동생들과 학교생활을 하다 보니 자신의 마음을 공감해주거나, 털어놓을 친구도 없어서 외로움을 느끼는 듯하였다. 최종 결정은 본인이 했지만 유학도 엄마가 원해서 결정했던 거라고 고백하는 아이의 표정에 원망이 서려 있었다.

부모는 아이에 대한 지원을 아끼지 않았고, 아이 역시 부모의 기대에 부응하기 위해 노력했는데, 어째서 모두에게 원치 않은 결과가 나타난 걸까? 이런 상황은 정도의 차이만 있을 뿐 대부분의 학부모와 자녀들에게서 나타나는 현상이며, 언제 터질지 모르는 갈등의 원인이다.

S님의 자녀는 공부에 대한 동기뿐만 아니라 삶에 대한 의욕을 잃어버린 듯했다. 빡빡한 스케줄에 따라 생활하는 아이들이 겪는 문제점이다. 긍정심리학의 창시자이자 세계적인 심리학자인 마틴 셀리그먼은 제한된 자율성이 무기력을 학습하게 만든다는 사실을, 실험을 통해 입증했다. 그뿐만 아니라 빡빡한 학원 스케줄을 소화하는 아이는 실행기능능력(Executive function capabilities)이 떨어질 수 있다고도 했다. '실행기능능력'이란 우리가 뭔가를 하거나, 이루고 싶을 때 그것을 하기 위해서 어떤 행동을 어떤 순서대로 해야겠다고 생각하고, 그렇게 행동하는 것을 말한다. 실행기능능력은 자기조절능력, 억제력, 계획능력, 주의집중과 전환의 유연성, 실수를 고치는 능력, 실수를 감지하는 능력, 간섭에 대한 저항능력 등 많은 인지능력이 포함된다.

한 연구에서는 아동들이 실행기능에 결함이 있으면 심각한 행동장애를 일으키며 학령기 학습장애를 수반하게 될 가능성이 높다는 결론을 내리기도 했다. 그러므로 체계적이고 빡빡한 계획은 매우 위험한 것이다.

학원 수강도 적절하게 해야 한다

초등학교 고학년이 되면 조금씩 학업에 대한 중요성이 높아진다. 공부를 많이 시킬 수밖에 없는 것이 또 현실이다. 그래서 자연스럽게 학원에 대한 기대와 의존도가 높아지게 된다. 어찌되었든 아이가 학원에 가면 뭐라도 배우지 않겠느냐는 것이다. 실제로 2016년 서울연구원이 발표한 '서울 초·중·고 학생의 사교육 참여 현황'에 따르면 10명 중 7명이 사교육에 참여했으며, 사교육 참여시간은 중학생이 주당 7.5시간으로 가장 많고, 그다음은 초등학생 7시간, 고등학생 6.3시간 순이었다. 1인당 월 평균 사교육비도 초등학생이 29.6만 원, 중학생이 35.5만 원, 고등학생이 38.3만 원이며, 전체 6명 중 1명은 50만 원 이상을 지출하는 것으로 나타났다.

그러나 학원에 다니는 것이 단기적인 효과는 있을지 몰라도, 아이의 수준이나 흥미를 고려하지 않고, 무작정 다니게 하는 것은 장기적으로는 성적과 학습의욕을 떨어뜨리는 길이 될 수 있다. 아이에겐 그 시기가 학습뿐만 아니라 다른 성장을 위해서도 중요한 시기이다. 부모로서 아이의 시간을 낭비하고 있는 건 아닐지 한번 돌이켜보자. 학원의 개수와 성적이 비례하지 않는 현실을 외면한 채, 남들 하는 대로 하다가 아이의 시간을 가치 있게 쓰도록 해준 것도 아니고, 자유롭게 꿈을 펼쳐나갈 수 있도록 해준 것도 아닌 게 될 수 있다. 그러한 결과를 반영하듯, OECD 국가 중 아이들의 수면시간과 행복지수가 해마다 최하위 수준을 기록하고 있는 것은 안타까운 일이 아닐 수 없다.

《서울대에서는 누가 A+를 받는가》의 저자 이혜정은 MIT미디어랩에서 실험한 연구를 소개한다. 한 대학생에게 검사 장치를 붙이고 일주일 동안 교감신경계의 전자파동이 어떻게 변하는지를 관찰했다. 교감신경계가 활성화된 것은 뇌가 적극적으로 일하고 있음을 의미하고, 반대로 약한 것은 뇌가 집중하지 않고 있음을 의미한다. 그런데 주목할 만한 사실은 학생이 수업을 들을 때 교감신경계가 활성화되지 않는 것이다. TV를 시청할 때도 마찬가지였다. 결국 복습이나 자습하는 시간 없이 학원에서 수업만 듣는 것은 결과적으로 학습에 큰 도움이 되지 않는다. 《완벽한 공부법》의 저자 고영성·신영준이 실시한 설문조사의 결과는 이를 더욱 뒷받침해준다. 설문조사에 의하면 0.1퍼센트의 상위권 학생들은 학원을 습관적으로 가는 것이 아니라 자신의 부족한 부분에 도움받기 위해 가며, 그 밖의 시간은 개인적으로 공부하는 데 쓴다는 것이다. 상위 0.1퍼센트의 학생들이 필사적으로 개인 공부 시간을 확보하는 이유다. 이들은 무슨 일이 있어도 하루에 세 시간은 개인 공부 시간을 갖는다고 한다.

밤늦게 학원에서 수업을 들으면 열심히 공부한 듯한 착각이 들지만, 실제로는 학습되는 것이 아무것도 없는 상태다. 게다가 공부에 대한 조절능력은 자기의 감정을 조절하고 행동을 통제하는 능력과 관련되어 있는데, 하루 종일 학원을 옮겨 다니며 수업만 듣는 아이가 집에서는 놀 생각, 쉴 생각만 하는 것이 어찌 보면 당연한 것이 아닌가. 이것이 바로 사교육비와 시간을 투자하더라도 쉽게 아이의 성적이 오르지 않는 이유다.

똑똑하게 사교육하기

지금 다니고 있는 학원 개수와 할애하는 시간을 다시 한 번 점검해보자. 지금 꼭 필요한 것인지, 학습에 큰 효과가 있는지, 정리한다면 어떤 방향이 좋을지 말이다. 아래는 국민 대중 운동 단체이자, 토론회와 전문가 간담회를 통해 사교육에 대한 진실을 알리기 위한 다양한 활동을 하고 있는 '사교육걱정없는세상'에서 권고하는 전략적인 사교육 방법이다. 크게 다섯 가지로 정리했다.

첫째, 학교 수업시간은 아이들의 삶에서 무시할 수 없을 만큼 절대적인 시간을 차지한다. 자녀에게 학교수업에 충실하는 것이 공부의 중요한 기초라는 사실을 알려주어야 한다. 그런데 부모의 사교육에 대한 맹신은 학교에서는 집중하지 않아도 된다는 생각을 갖게 만들 수 있다. 사교육은 학교 교육을 보완하는 것이지, 대체하는 것이 아니라는 사실에 대한 공감대를 형성한다.

둘째, 내신 대비 전 과목 학원을 보내는 것은 신중해야 한다. 전 과목을 다 학원에서 다루면 복습할 시간도 현저히 부족해지고, 학원의 시험 대비 시스템에 길들여지면 스스로 공부하는 능력을 잃는다. 너무 앞선 선행학습이나 많은 과제를 내주는 학원도 시간 낭비나, 학습의욕 저하를 불러일으킬 수 있다. 보충이나 심화를 목적으로, 아이가 취약한 과목 한두 가지로 한정하고, 아이와는 한시적으로 다녀야 한다는 약속을 한다. 한시적인 것임을 유념하면 아이도 한정된 기간 내에 학원 수업에 최대한 집중하고자 할 것이다.

셋째, 자발적으로 다니는 학원이 가장 효과가 좋다. 부모가 판단해서 이런저런 학원에 보내더라도, 자녀가 학원에 다니기 싫어하면 보내지 말자. 억지로 보내는 것은 효과가 없다. 또 스스로 가기 원하는 학원이라도 무조건 수용하지 말고, 왜 가고 싶어 하는지 확인하는 것이 중요하다. 혼자 공부하기가 힘든 것이라면 개인교습이나 학습지로 해결하는 것이 나을 수 있다.

넷째, 개인교습을 할 때도 주의할 원칙이 있다. 선행학습이 아니라 학교 진도를 따라가며 결손을 보충해주는 방식으로 진행하고, 학원처럼 강의하는 방식이 아니라, 학생이 스스로 공부하다가 막힌 것을 물어보고, 선생님이 거기에 답하는 방식으로 진행해야 한다.

다섯째, 아이들이 학원에 의존하지 않고, 자유로운 시간에 혼자 할 수 있는 가장 좋은 방법은 독서를 하는 것이다. 초등 저학년 때는 방과 후 학교 도서관이나 어린이 도서관에서 제공하는 다양한 프로그램을 활용하고, 고학년이 되면 스스로 책을 읽고, 부모와 함께 읽은 것을 함께 이야기하거나, 소감문을 쓰게 하고, 그 소감문에 부모가 성심성의껏 긴 댓글을 달아주면 좋다. 그러면 아이와 더욱 소통할 수 있으면서 아이에게 학습의 재미를 느끼게 할 수 있다.

위의 내용을 참고해서 장기적으로 아이의 성적과 진로에 도움이 되는 방향으로 똑똑하게 사교육을 활용하길 바란다.

Tip

시간을 훔치는 대도, 스마트폰을 잡아라

아이들의 시간을 낭비시키는 가장 큰 원인은 무엇일까? 현대 사회에서 스마트폰은 어른, 아이 할 것 없이 시간을 낭비하게 만드는 대표적인 시간도둑일 것이다. 여성가족부가 2017년 3~4월 전국 청소년 141만여 명을 대상으로 '인터넷 스마트폰 이용습관 진단조사'를 한 결과, 전체의 14.3퍼센트(20여만 명)가 인터넷이나 스마트폰의 '위험·주의 사용자군'으로 분류됐다. 이는 청소년 7명 중 1명이 중독 위험이 있다는 결과다. 특히 최근 3년간 초등학교 4학년 위험군 수가 늘고 있어 '저연령화' 현상이 심각한 것으로 나타났다.

'쉬는 시간에 잠깐 하는 것은 괜찮지 않느냐'는 사람도 꼭 기억해야 할 사실이 있다. 캘리포니아대학교에서 실시한 연구에서 몰입을 깨는 외부 방해가 30초밖에 되지 않는다 하더라도 공부나 일에 다시 몰입할 때까지 평균 20분 정도 걸린다고 한다. 그러니까 스마트폰을 가까이 둘수록 몰입으로 가는 과정이 자주 깨지게 되어 있다. 정리력 카페의 스마일그레이스 님은 어느 날 온 가족이 스마트폰을 하고 있는 모습에 충격을 받고, 집 안에서는 스마트폰을 정리하는 것을 규칙으로 삼았다고 한다. 현관 신발장 위에 바구니를 두고, 외출하고 집에 들어오면 그 바구니에 자신의 스마트폰을 두는 것이다. 사용해야 할 때는 현관까지 와서 잠깐 사용하고, 다시 바구니에 두어야 한다. 스마트폰 제자리가 바로 신발장 위 바구니인 셈이다.

아이에게 피처폰(스마트폰 출시 전에 나온 최저 성능의 휴대전화)을 줘서 필요한 연락 정도만 하는 것도 좋은 방법이다. 그게 안 되면 '모모'라는 어플을 활용하면 통화나 문자만 사용할 수 있고, '모바일 펜스'라는 어플을 활용하면 사용 시간을 제한할 수 있다. 그 밖에 스마트폰 의존도를 낮출 수 있도록 아래 방법들을 활용해보자.

공부할 때 스마트폰 사용을 줄이는 방법

❋ 공부하는 방이나 책상에 두지 않는다(엄마에게 맡긴다).
❋ 전체 사용시간을 체크할 수 있는 앱을 설치해서 체크한다.
❋ 피처폰으로 바꾼다.
❋ 공부할 때 비행기모드로 전환한다.
❋ 사용시간 제한 어플리케이션을 사용한다.

ACTION PLAN

★ 자녀와 함께 해보세요!

Q. 자녀와 함께 스마트폰 사용규칙을 정해봅시다.

우선순위 재점검하기 2 : 스스로 공부하는 시간을 채우기

갑자기 학원을 관두고 혼자서 공부하는 것은 아이나 부모에게 모두 불안감을 줄 수 있다. 스스로 공부할 수 있는 능력을 점차 키워나가야 한다. 혼자 공부할 수 있는 최소한의 시간을 마련하고, 학교 또는 학원에서 배운 것을 복습하거나 중간 또는 기말고사 시험을 준비하면서 아래 정리한 《완벽한 공부법》에서 제안한 방법들을 시도해 보자. 혼자 하는 공부에 요령과 자신감이 생기면, 불필요한 학원이나 학원 시간을 조절하거나 정리할 수 있게 될 것이다.

<u>배운 것에 대해 시험을 본다</u> : 결과에 대한 부담으로 시험 자체를 기피하는 아이들이 있다. 시험은 결과와 상관없이 보는 것만으로도 공부가 된다. 시험을 자주 볼수록 장기기억 효율이 높아지기 때문인데,

이를 '시험효과'라 한다. 또 시험은 자신이 취약한 부분을 알게 해서 전략적으로 공부할 수 있도록 메타인지를 향상시켜준다. 그렇기 때문에 문제를 많이 풀어보는 것도 중요하다.

틀린 문제만 정리한다 : 틀린 문제는 또 틀릴 가능성이 크다. 놓친 부분이나 잘못 알고 있는 부분을 공부하는 것은 뇌가 가장 활성화되는 방법이다. 틀린 문제는 반드시 오답노트를 만들고, 왜 틀렸는지, 뭘 모르는지를 분명히 알고, 다음에도 비슷한 유형의 문제가 나왔을 때 틀리지 않기 위한 연습을 해야 한다.

요약정리, 암기한다 : 공부라는 것은 배운 것을 머릿속에 정리하는 것이다. 그러기 위해선 인풋을 했으면 아웃풋을 하는 것이 중요하다. 여러 번 반복 읽기로 끝내거나 수업을 듣고 마는 것이 아니라, 시험을 보거나, 암기(암송), 요약, 토론, 발표, 글 쓰기 등을 반드시 해야 한다.

연구에 의하면 다양한 인출 방법으로 공부를 하면 장기기억 효율이 높아진다고 한다. 가장 좋은 방법은 다른 사람에게 가르쳐준다고 생각하고 공부한 것을 설명하는 것이다. 그렇게 하면 요약정리와 암기를 자연스럽게 할 수 있게 된다. 또 다른 사람을 가르치는 것을 목표로 공부했을 때 학습 효과가 훨씬 좋다는 연구 결과도 있다.

벼락치기하지 않는다 : 분산 연습 효과라는 것이 있다. 벼락치기를 하면 주로 읽기 위주로, 딱 한 번만 학습하게 된다. 그런데 간격을 두고 한 번 더 학습하게 되면, 두 번째 학습할 때 약간의 어려움을 겪게 되는데, 이렇게 어렵게 공부할수록 장기기억으로 넘어갈 가능성이 높아진다. 적어도 두 번 이상은 간격을 두고, 다양한 아웃풋 전략을 활용하는 것이 장기기억으로 만들 수 있는 방법이다.

두 가지 이상의 과목을 번갈아 학습한다 : 순서대로 공부하거나, 하루에 한 가지씩 공부하는 것보다 1단원과 3단원을 공부하거나, 서로 다른 과목을 함께 공부하는 것이 장기기억 효율에 도움이 된다. 뇌는 어렵게 공부할수록 쉽게 잊지 않는다. 순서대로 공부하는 것보다 교차로 학습하는 것이 뇌에서 받아들일 때 자연스럽지 않기 때문에 더 효과적으로 기억할 수 있다.

데드라인을 만든다 : 공부 진도에 대해서는 데드라인을 만드는 습관을 들인다. 여러 연구를 통해 데드라인을 설정하는 것이 그렇지 않은 것보다 실행률이 높다는 결과가 나왔다. 스스로 데드라인을 만들고, 자신에게 보상을 주는 방식으로 공부하면 즐겁게 공부할 수 있다.

자투리 시간을 활용한다 : 대문호 괴테는 "티끌 같은 시간에는 티끌 같은 일을 처리하는 것이 현명하다"라고 말했다. 학교에 가는 시간이나 학원 이동하는 시간에는 영단어를 외우거나 책을 읽기에 좋은 시간이다. 자투리 시간도 모이면 무시할 수 없는 시간이 된다. 활용하기에 따라 죽은 시간이 될 수도, 황금 시간이 될 수도 있다.

Tip

자기주도성을 높이는 노트 정리법

공부 잘하는 사람들의 이야기를 들어보면 "교과서에 충실했어요" "수업을 열심히 들었어요" "복습을 철저히 했어요"라고 얘기한다. 이 세 가지와 모두 연관된 것이 바로 노트 정리다. 노트 정리는 수업과 교과서에 집중하게 하면서 복습을 하는 데 도움을 준다. 즉, 자기주도성을 높이는 데 효과적이다. 아래 여러 가지 노트 정리법을 활용해보자.

<u>코넬 노트</u> : 코넬 노트는 1950년 미국의 코넬대학교에서 월터 포크 교수가 개발한 노트 정리법으로 수업에 충실하면서, 암기와 복습을 효과적으로 할 수 있는 세계적으로 유명한 노트 필기 방식이다. 이 노트는 3개의 영역으로 구성되어 있다.

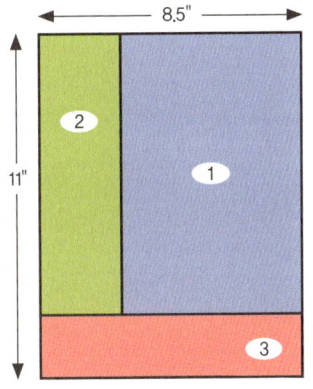

⑴번 필기 영역에는 강의 내용 또는 수업 중 선생님 말을 가능한 모두 의미 있게 받아 적는다. ⑵번 단서 영역은 수업시간에는 비워두었다가, 수업이 끝난 직후 ⑴번 필기 영역에서 중요한 단어, 핵심 키워드, 주제 등을 적는다. 복습할 때도 이 부분을 중심

으로 공부하고 암기하며, 암기한 것을 확인할 때는 (1)번 필기 영역을 가리고 타인에게 가르치는 것처럼 말해본다. (3)번은 요약 영역으로, 수업 전체를 1~3문장으로 요약하는 곳이다. 수업의 의미나 앞뒤 진도와의 연결점을 중심으로 요약한다면 전체 흐름을 파악하기 쉽고, 내용의 의미를 되새겨서 쉽게 잊혀지는 것을 막는 데 효과적이다.

마인드맵 : 마인드맵은 캐나다 출신의 토니 부잔이 고안한 노트 정리 방법이다. 마인드맵은 핵심 단어를 중심으로 거미줄처럼 사고가 파생되고 확장되어가는 과정을 확인하고, 자신이 알고 있는 것을 동시에 검토하고 고려할 수 있는 일종의 시각화된 노트 정리법이다.

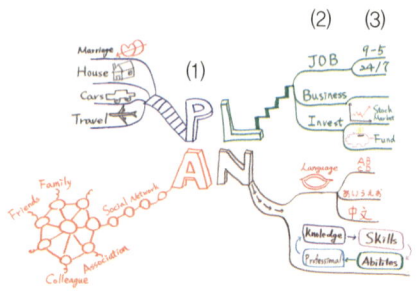

먼저 종이를 좌우로 넓게 펴놓고, 종이 한가운데 (1)에는 중심 이미지를 그리거나 핵심단어를 적는다. 첫 번째 (2)주가지에는 중심 키워드와 강하게 연결되는 내용으로 핵심 단어나 구절의 형태로 기록한다. 주가지를 그릴 때는 각기 다른 모양이나 색을 사용해 변화를 주는 것이 포인트이다. 그다음에는 주가지에서 나온 (3)잔가지를 그린다. 주가지와 연결된 내용으로 적되, 기록 순서를 정하는 것이 좋다. 예를 들어, 시계방향 순서로 그린다. 잔가지는 나뭇가지가 뻗어가는 것처럼 세부적으로 그린다. 마인드맵은 전체적인 흐름을 한눈에 파악할 수 있으므로, 공부를 정리하는 마지막 단계에서 활용하는 것이 효과적이다.

감상노트 : 독서는 '그 책을 한번 읽어봤다'는 것이 중요한 것이 아니다. 독후활동을 해야 기억에 오래 남고, 책의 주제나 저자의 의도를 깊게 이해해 자기 것으로 만드는 내면화 과정이 필요하다. 또한 독서활동을 꾸준히 기록하면 포트폴리오가 되고, 글 쓰는 능력이 향상되어 진학에도 도움이 될 것이다.

기본적으로 감상노트는 ⑴ 제목, 저자, 출판사 등 기본적인 정보를 기록한다. ⑵ 총평에서 느낀 점을 자유롭게 기술하되, ⑶ 명장면/명대사를 기록하면 주제에 접근하기가 쉽다. 또 이 책을 ⑷ 추천해주고 싶은 사람을 적어보는 것도 책의 의미를 되새기고, 자신의 것으로 내면화하는 좋은 방법이 된다.

오답노트 : 학교에서 시험을 보거나, 연습문제를 풀고 나면 바로 오답노트를 만들어야 한다. 우선 ⑴ 틀린 문제를 적고, ⑵ 올바른 풀이법을 함께 적는다. 대부분 올바른 풀이과정만 적는 것으로 그치는데, 오답노트의 핵심은 정답이 아닌 오답이다. ⑶ 틀린(헤맨) 이유를 꼼꼼하게 정리해야 한다. 실수했으면 왜 실수했는지, 몰랐다면 무엇을 몰랐는지 탐정이 된 것처럼 집요하게 파고들어야 한다. ⑷ 몰랐던 중요한 개념이나 이론을 다시 정리하는 것도 중요하다. 그러면서 ⑷와 연결해서 ⑵의 올바른 풀이법을 다시 한 번 점검해본다. 다시 한 번 말하지만 오답노트는 본인이 어디를 몰랐는지, 어디서 실수를 했는지 찾는 것이 관건이다.

공부할 때 타이머 활용하기

'공부의 신'으로 소개되는 학생들의 인터뷰를 보면 타이머를 사용했다는 내용이 빠지지 않고 등장한다.

고등학생 L양은 중학교 때 전교 10등 안에 드는 모범생이었는데 고등학교 입학 후 첫 중간고사에서 전교 100등 아래라는 충격적인 시험성적을 받았다고 한다. TV에서 스톱워치를 사용하면 도움이 된다고 해서, 스톱워치 두 개를 활용해서 공부하기 시작했다. 한 개는 전체 공부시간을 측정했고, 한 개는 과목별로 세부적인 시간을 측정했다. 목표시간을 정하고 이를 잘 지키는지 확인하는 용도로 썼는데, 그랬더니 2학년 1학기 중간고사에서 전교 3등을 했다.

중학생 P군 역시 스톱워치의 덕을 톡톡히 보았다. 수학문제를 풀 때 사용했는데, 25분 내에 5문제 또는 40분 내에 10문제를 푸는 식으로 시간 내 문제풀이를 연습한 것이다. 타이머를 사용했더니 집중력도 높아졌고, 평소 스톱워치로 시간 훈련한 덕분에 시험 때 시간이 부족한 적이 없었다고 한다.

공부할 때 타이머가 효과적인 이유는 뭘까? 우리는 어떤 행동을 해야 할 때, 혹은 하지 말아야 할 때 '생각'과 '의지'의 영향을 받는다. 이때 생각이나 행동을 전환할 수 있는 '자극'이 필요한데, 타이머가 그 역할을 하는 것이다. 아침에 울리는 알람은 기상을 해야 된다는 신호인 것처럼, 공부할 때는 알람이 울리기 전까지 공부를 멈추지 않고 지속해야 한다는 신호가 된다. 이렇게 하루 2~3시간처럼 시간 목표를 세우고 타이머를 사용한다면, 그렇지 않은 학생과 절대적으로 공부하는 시간의 차이가 날 수밖에 없다. 또 하루에 순수하게 몇 시간을 공부하는지 체크하면, 생각보다 많지 않음을 깨닫게 될 것이다.

타이머를 사용하면 효과적인 이유 중 또 하나는 집중력이 향상된다는 점이다. 처음에는 마음이 잘 안 잡히던 일도 막상 코앞에 닥치면 엄청난 집중력을 발휘하게 된다. 이를 '마감 효과'라고 하는데, 마감 효과가 생기는 이유는 뇌에 적절한 긴장감을 주어 집중력을 향상시키기 때문이다. 타이머를 사용하면 실제 마감은 아니지만 연속적인 시간에 시작점과 끝점을 정해주기 때문에 언제든 마감 효과를 만들 수 있으므로 순간 집중력이 향상된다.

뽀모도로 테크닉 활용하기

주의 집중력 없이는 학습한 것을 장기기억으로 만들지 못한다. 그런데 공부습관이 들지 않은 아이들은 집중하는 데 시간이 오래 걸리고, 스마트폰, 컴퓨터, TV, 만화책과 같은 유혹에 빠지기도 쉽다. 이런 아이들에게 집중력을 훈련시킬 수 있는 방법이 있다. '뽀모도로 테크닉'이라는 것이다.

뽀모도로란 이탈리아어로 토마토를 뜻한다. 이탈리아의 대학생이었던 프란체스코 시릴로는 토마토 모양으로 생긴 주방용 시계를 이용해서 효과적인 시간 관리법을 창안해냈다. 뽀모도로의 원리는 간단하다. 주방용 시계를 이용해서 25분간 집중해서 일하고 5분간 휴식하는 것이다. 원래 이것은 성인의 업무 효율을 높이기 위해 제안된 것이지만, 아이들이 공부할 때도 적용하면 매우 효과적이다.

먼저 그날 공부해야 할 목록을 만들고 공부할 순서를 정한다. 그리고 각 목록마다 해야 할 공부의 양에 따라 뽀모도로를 몇 번이나 돌려야 할지를 정한다. 본격적으로 순서에 따라 25분씩 타이머를 맞추고 집중해서 공부한다. 25분 후 타이머가 울리면 공부를 중단하고 5분간 휴식한다. 이렇게 몇 번 반복하고, 하루 공부 일정이 끝나면, 그날 공부한 목록과 시간을 정리하고 검토하면 된다.

실제로 뽀모도로 타이머를 자녀의 공부에 활용한 정리력 카페의 회원들과 교육생들의 경험담이 꾸준히 카페에 올라온다. 플라타너스 님은 "공부한답시고 책상에 앉아 세월아 네월아 하는 딸을 위해 뽀모도로 타이머를 활용했더니, 딸과의 불화를 대폭 줄일 수 있었습니다"라고 했고, 정리 교육에 참석한 윤금수 님은 "아이에게 스마트폰 게임을 하는 시간을 타이머로 제한했더니 잔소리하는 것보다 훨씬 효과적이었어요"라고 말했다.

아이의 시간 정리 3단계 : 삶의 나침반 만들어주기

삶에서 지켜야 할 소중한 가치

가치는 자신의 행동과 시간을 지배하고, 꿈과 비전을 결정해주는 기반이다. 그중에서도 지배가치란 삶의 만족도와 행복을 결정할 정도로 중요하다. 아이에게 가치의 개념과 세상에 어떤 중요한 가치들이 있는지를 알려주자. 자신의 시간을 어떻게 사용해야 하는지를 알려주는 나침반이 될 것이다.

《아름다운 가치 사전》은 개인의 인격소양과 '더불어 사는 삶'을 위해 필요한 가치 48개를 소개한다. 또 의미를 새기고, 활동과 놀이를 통해 훈련할 수 있도록 구성되어 있다. 여기에 소개된 몇 가지 가치는 이런 것들이다.

■ 책임이란? 잠자기 전에 다음 날 학교 준비물을 잘 챙겨놓는 것, 심부름할 때 엄마가 사오라는 것 '우유, 밀가루, 콩나물'을 하나도 빠짐없이 잘 사오는 것, "엄마, 다섯 시까지 올게요" 한 약속을 잘 지키는 것이다.

■ 보람이란? 도서관에 가서 책도 보고 놀이터에서 친구들과 재미나게 놀며 오늘 하루를 알차게 보냈다고 느끼는 마음, 더러운 실내화를 싹싹 비벼 빨고 나서 느끼는 산뜻한 기분이다.

■ 즐거움이란? 내가 좋아하는 것을 할 때 "나는 축구를 할 때가 가장 즐거워. 숨도 차고 힘도 들지만 더 뛰고 싶고 계속 달리고 싶어" 하고 생각하는 것, 즐거워하는 사람들 속에 내가 있는 것이다.

이런 가치들은 아이들과 함께 평소 대화에서 사용하는 것만으로도 큰 효과를 얻을 수 있다. 예를 들면, 잠자기 전에 다음 날 학교 준비물을 잘 챙겨 놓은 아이에게 "우리 ○○가 '책임감' 있게 준비를 잘

해놨네. 참 잘했다"처럼, 가치와 관련된 단어를 풍부하게 사용하는 것이다. 그러면 일상생활에서 소중한 가치들을 배워나갈 수 있으며, 더 나아가 자신이 소중하게 생각하는 가치를 위해 시간을 내고, 행동하게 될 것이다.

ACTION PLAN

★ 자녀와 함께 해보세요!

Q. 오늘 하루 있었던 일들을 이야기하면서 어떤 가치가 발휘되었는지, 어떤 가치가 부족했는지 이야기해보세요.

Q. 아래 가치들 중 아이와 일상대화에서 활용할 수 있는 가치의 예시를 작성해보세요.
배려, 보람, 사랑, 성실, 약속, 책임, 친절, 부지런, 솔선, 양보, 자유, 절제, 정돈, 정성, 즐거움, 협동 등

꿈이라는 강력한 넛지

사람들이 몰입 상태에 있음을 안다는 것은 어떤 일을 즐겁게 한다는 것을 알아차리는 것이다. 그것을 알아차린다면 '자기 자신'에 대

해 중요한 실마리 하나를 얻게 된다. 그 실마리는 수많은 일들 중에 나에게 의미 있는 일이 무엇인지, 취미나 특기가 무엇인지를 아는 것이다.

이것이 아이에게 중요한 이유는, 공부를 통해 이루고 싶은 목적과 꿈을 만들어주기 때문이다. 이것은 그 어떤 것보다 스스로 공부를 열심히 하게 하는 강력한 넛지로 작용한다. 《마음의 작동법》의 저자이자 로체스터대학교의 사회심리학 교수인 에드워드 L. 데시는 외부에서 '그래야 해'라고 강요하기보다, 스스로 동기를 가지게 되었을 때, 창의성과 책임감을 가지며, 건전한 행동을 하게 되고, 변화도 지속될 수 있다고 말했다. "배를 만들게 하고 싶다면 일을 지시하고 일감을 나눠주지 말고, 넓은 바다에 대한 동경심을 키워주어야 한다"라고 생텍쥐페리도 말하지 않았던가.

그렇다면 몰입의 기회는 어떻게 만들어줄 수 있을까? 일단 어린 시절에 어른들이 개입되지 않은 자유로운 놀이들을 경험하게 해야 한다. 그리고 취학 후에는 아이의 흥미와 관련된 활동을 하게 한다. 그런데 대부분의 학생들이 학업과 과외활동, 체육활동 등 빡빡한 계획에 묶여 있는데, 대부분 아이의 흥미와 관련이 없이 진학이나 부모의 관심사에 의해 설정된 것이다. 흥미를 못 느끼는 활동에 아이들은 쉽게 몰입하지 못한다. 그런데 요즘 부모들은 '악기 하나쯤은 배워야 해' 등의 논리를 펴거나, 자기가 중요하다고 생각하는 관심사의 활동을 시키고, 대학의 전공을 정해주기까지 한다. 이런 상황이니 아이가 꿈이 없거나 대학에 진학해서도 전공 공부에 흥미를 느끼지 못하고 진로에 대해 끊임없이 방황하는 것은 어찌 보면 당연한 일이다.

다음은 간섭과 방임의 균형을 적절히 찾으면서 아이에게 더 많은 기회를 줄 수 있는 원칙과 방법이다.

첫째, 아이를 부모의 소유물이 아닌, 독립적이고 자기와는 구별된 인간으로 바라본다. 그러면 아이의 행동에 대해서도 관대해지기 마련이다. 아이가 어떠해야 한다고 생각하는 관념이나 틀이 없어지기 때문이다. 이런 부모는 아이의 개성을 받아들이고, 아이가 타고난 대로 자라게 지켜봐줄 수 있다.

둘째, 부모가 아이들보다 나이가 많고 경험도 많다는 것은 분명하다. 그러나 그렇다고 해서 이런 경험이 언제나 옳은 것은 아니다. 자신의 신념이 옳다는 확신이 강하면 강할수록 아이에게(다른 사람들에게) 그것을 강요할 가능성이 크다. 게다가 변화가 빠른 오늘날, 모든 사람들이 진리라고 받아들이고 묵과한 것이 내일 거짓으로 판명될 때가 있지 않은가. 아이가 살아가는 앞으로의 미래 역시 변화무쌍할 것이다. 그러므로 부모가 살아왔던 세상의 가치와 삶의 방식이 여전히 유효한 것은 아니라는 점을 유념해야 한다.

셋째, 자녀가 어떤 것에 재능이 있고 어떤 일에 관심이 있는지 관찰한다. 흥미, 재능은 꿈과 진로를 찾게 만드는 좋은 단서가 된다. 아이가 스스로 발견할 수 있도록 함께 이야기할 수 있어야 한다. 가장 좋은 방법은 식사를 할 때나 방과 후 대화를 나누는 것이다. 그날 하루 어떤 일이 있었는지에 대한 이야기로 대화를 시작하면 좋다. 즐거웠던 일을 이야기하다 보면 자녀의 관심사를 알게 될 것이다.

넷째, 자녀 역시 자신의 길을 찾는 과정에 있음을 기억한다. 어떤 일에 재능을 보이면 적극적으로 지원하는 반면, 스스로 관심과 흥미가 사라진다면 그것 또한 존중해주어야 한다. 문이 하나 닫히면 다른 문이 열리는 것임을 기억하자. 또한, 자신도 모르게 자녀를 통제하고 억압하거나, 자녀를 불행하게 만들었다는 사실에 자괴감을 느낄 수 있다. 그러나 늘 변화할 수 있다는 생각을 가져야 한다. 아이와 좀 더 가까워지고, 소통하며, 갈등 해결의 기술을 익히고 실천할 수 있음을 믿길 바란다.

다섯째, 부모가 모범이 되어야 한다. 부모 스스로 사회인으로서 멘토가 되는 것이다. 현재 하고 있는 일의 가치에 대해 이야기하고, 자신의 상황이 불만족스럽다면 앞으로 하고 싶은 일이나 계획에 대해 이야기해준다. 또 부부관계에서 만족을 얻을 수 있도록 부부관계를 최우선에 두자. 부부관계에서 얻지 못하는 만족과 기쁨을 아이들로부터 얻으려는 사람들이 있다. 또는 부부관계가 원만하지 않을 때 아이에 대해 못마땅한 부분이 많아지기도 한다. 혹시 이러지는 않는지 조심해야 한다.

우리는 모두 훌륭한 연주자로 태어난다. 아이는 자신의 삶을 자기

스타일로 가장 멋지게 연주할 수 있는 연주자다. 어떤 음악을 어떻게 연주해야 할지 본능적으로 잘 아는 훌륭한 뮤지션! 그러나 부모의 욕심이나 걱정으로 인해 부모가 아이 대신 연주하려고 한다면 아이는 점점 원치 않는 연주를 하게 되거나, 점점 제 실력을 발휘하지 못하고 방황하게 될 것이다. 위의 원칙들을 자주 읽어보고 아이가 진정한 삶의 주인이 될 수 있도록 지켜봐주자.

SMART한 목표 만드는 법

목표는 공부에서도 매우 결정적인 역할을 한다. 우리가 무엇을 해야 하는지를 알려주며, 그것을 간절히 원할 때는 없던 힘도 생기고, 노력하고 인내할 가능성이 커진다. 반면 목표가 없으면 어영부영 시간을 흘려보내기가 쉽고, 잠재능력을 기대하기도 어렵다. 그러니까, 목표가 있는 사람과 없는 사람의 성취는 다를 수밖에 없다. 그런데 대부분 목표의 중요성을 알지만, 그 장점을 잘 활용하지 못한

다. 목표를 잘 세우는 방법에 대한 교육까지 있을 정도로, 목표를 얼마나 잘 만드느냐가 성취에 영향을 미칠 수 있다. 꿈을 구체화시키는 SMART한 목표 만드는 법을 알아보자.

'SMART한 목표'란, 구체적(Specific)이고 측정 가능하며(Measurable), 행동이 가능한(Action-oriented), 현실적이고(Realistic), 기한이 있는(Time-limited) 목표를 말한다. SMART한 목표는 장기적인 목표와 오늘 하루 단기적인 목표를 세울 때 모두 유용하다. 예를 들어, 기말고사 성적에 대한 목표를 세운다면 '기말고사 성적 올리기'가 아니고, '기말고사 평균 5점 올리기'라고 정하는 것이다. 하루 동안 할 공부를 계획할 때는 '수학 5단원 공부하기'가 아니라 '수학 5단원 연습문제 풀기' '연습문제 80점 이상 맞기' '오답노트 만들고 다시 한 번 풀기'처럼 구체적으로 계획을 세운다.

목표를 세우고 나서는 타이머 혹은 뽀모도로 타이머를 같이 활용하자. 집중력을 높이고, 효율적으로 시간을 관리할 수 있을 것이다.

ACTION PLAN

★ 자녀와 함께 해보세요!

Q. 아이와 함께 오늘 혹은 내일 해야 할 일을 SMART한 목표로 작성해보세요.

Tip

시스템 세우기

매일 꾸준히, 장기적으로 해야 하는 것은 목표가 아닌 시스템을 세우자. '시스템 세우기'란 세계적인 자기계발 컨설턴트 제임스 클리어가 한 제안으로, 구체적이거나 작은 목표를 세우고, 실천 전략을 만드는 것을 말한다. 예를 들어, 책을 읽거나 영어 단어를 외울 때는 '매일 영어단어 15개씩 외우기' '30페이지씩 읽기'처럼 시스템을 만들고 날마다 그것을 지키는 데에만 집중한다. 매일 해야 하는 것이므로 버거워서는 안 된다. 일주일에 한 번은 실행 결과를 점검하는 시간을 갖고, 현실적인 목표로 수정한다. 또 시스템적인 일은 자칫 루틴하고, 지루할 수 있기 때문에 타이머를 함께 활용하고, 즉각적인 보상을 준다면 도움이 될 것이다.

아이의 행복한 삶을 위한 관계 정리법

아이들도 관계를 잘 맺기 위해 정리가 필요하다

많은 사람들이 관계 정리라는 말 자체에 대한 거부감이 있지만, 요즘에는 그 필요성을 느끼는 사람들이 늘어나는 듯하다. 점차 형식적 관계에 피로감과 허무감을 느끼고, 가깝고 좋은 사람들과 지내기에도 일상이 바쁘다는 인식이 생기고 있다. 국내 취업포털사이트 인크루트에서 성인 2,500여 명을 대상으로 설문조사한 결과 64퍼센트가 인간관계의 정리를 추구한다는 대답이 나올 정도였다. 관계 다이어트, 관계 디톡스, SNS 피로증후군이라는 신조어들이 생겨나기도 했다.

어른들은 다양한 사회경험을 통해 자연스럽게 관계가 확장된다. 공간 정리로 비유하면 온갖 물건들을 버리지 않고 쌓아놓았기 때문에, 정리가 필요한 상황이다. 이때 어떤 물건은 좋아하기 때문에 남겨두고, 어떤 물건은 필요하기 때문에 채워야 한다. 스트레스를 유발하는, 먼지 쌓이고 방치된 물건들과는 과감히 이별해야 한다. 그러나 아이의 경우는 다르다. 이제 막 새집에 이사 와서 텅 빈 공간을 채워야 하는 상황이다. 그러므로 우선 폭넓은 관계를 통한 다양한 경험이 필요하다. 그렇다고 해서 정리가 전혀 불필요한 것은 아니다. 다만, 어른들의 정리와는 다른 정리가 필요하다.

정리를 한자로 하면 '整'(가지런할 정)에 '理'(다스릴 리)를 쓴다. 이별이란 뜻의 '離'(떠날 리)를 쓴다고 오해하는 사람도 있다. 하지만 정리의 '理'(다스릴 리)는 이치, 도리, 깨닫다 등의 의미를 가진다. 즉, 아이들에게 필요한 정리는 바로 폭넓은 인간관계를 통해 관계에 대한 도리, 이치를 깨닫는 것이다. 나는 어떤 친구가 될 수 있는지, 또 나와 잘 맞는 친구는 어떤 친구인지, 갈등이 생겼을 때는 어떻게 해결해야 하는지, 좋아하는 친구와 관계를 잘 유지하기 위해서는 어떻게 해야 하는지 등등.

관계를 잘 맺는 법, 나와 상대의 다름으로 인해 생겨나는 다양한 갈등을 잘 풀어나가는 법을 깨닫는 것이 바로 아이들의 관계 정리의 핵심이다.

관계로 행복한 아이가 성공한다

　부모들은 아이가 좋은 친구를 사귀길 바란다. 혹시 안 하던 짓을 하거나 잘못된 행동을 하면 친구를 잘못 사귄 것은 아닐지 걱정한다. 그러나 진짜로 부모들이 걱정해야 할 것은 아이가 스스로 친구를 사귀지 못하게 되는 것이다. 친구를 사귀는 능력을 잃어버린 아이는 다양한 관계 맺기가 어려워질 뿐만 아니라 나이가 들수록 인생을 실패했다는 좌절감을 느낄 수 있다. 다음의 연구조사들을 살펴보자.

　미국 카네기멜론대학교에서 자신의 인생을 실패라고 평가한 1만 명의 사람에게 "본인이 성공하지 못한 이유는 무엇이라고 생각하는가?"라는 내용의 설문조사를 했다. 그 결과, 85퍼센트에 해당하는 사람이 '원만하지 못한 인간관계'를 가장 큰 실패 요인으로 꼽았다. 나머지 15퍼센트의 사람이 제시한 것은 지능, 재능, 기술적인 요인 등이었다.

좀 더 구체적인 조사자료도 있다. 퍼듀대학교 공학부에서 졸업생들을 대상으로 학업 성적과 대인 관계, 연봉의 연관성을 조사한 결과, 학업 성적이 우수 그룹에 속했던 학생과 열등 그룹에 속했던 학생 간의 연봉 차이는 200달러에 불과한 반면, 대인 관계가 뛰어났던 그룹의 학생들은 성적이 우수한 그룹보다는 15퍼센트, 열등한 그룹보다는 33퍼센트 정도 연봉이 높았다.

이 같은 연관성을 뒷받침해주는 연구도 있다. 사회심리학자 로이 바우마이스터의 연구팀은 대학생들을 대상으로 가짜 성격검사를 한 뒤, 한 그룹에는 다른 사람들이 당신을 좋아하게 될 것이라고 말하고, 다른 그룹에는 다른 사람들에게 거부당할 가능성이 크다는 검사 결과를 알려주었다. 그리고 난 후 아이큐 검사를 했는데, 미래에 외로움을 예상한 대학생들의 아이큐가 전반적으로 낮게 나오는 결과가 나타났다. 《사회적 뇌》라는 책에서는 청소년을 대상으로 또래집단으로부터 소외를 당하거나 관계로 인해 우울함을 느끼는 아이는 내신성적과 시험점수가 모두 떨어질 수 있다는 연구결과가 소개됐다.

관계와 아이큐, 성적은 어떤 연관이 있는 걸까? 신경과학자 그렉 애시비에 따르면 기분 좋은 것과 생각을 잘하는 것이 모두 도파민의 작용과 관련이 있는데, 도파민이 증가하면 작업기억이 증가하고, 반대로 감소하면 작업기억도 감소한다고 한다. 한 빅데이터 분석 업체가 SNS에서 '행복'이란 단어가 들어간 게시물 95만 건을 분석한 결과, 대인관계에서 행복을 느낀다는 글이 가장 많았다고 하니, 대인관계가 좋을수록 공부를 잘한다는 말은 지나친 말이 아니다.

네브라스카대학교에서 열린 좌담회에서 어떤 학생이 "성공이란 무엇인가요?"라고 워렌버핏에게 질문했다. 버핏은 "성공이란, 주변 사람들에게 사랑받는 것"이라고 대답하며, 포브스 400대 기업에 드는 CEO 중에서 아무에게도 사랑받지 못하고 외로워하는 사람들을 알고 있다고 덧붙였다. 관계를 맺는 법도, 갈등을 해결하는 법도, 관계에 대한 올바른 가치관을 만드는 것도 세상을 살아가는 스킬이다. 그런데 어린 시절에 관계를 충분히 맺어보지 못한 사람은 나이가 들면 들수록 관계를 더 어렵고 두렵게 느낀다. 아이가 삶을 긍정하며 만족할 만한 인생을 만들어나가길 원한다면 어려서부터 관계를 연습할 수 있도록 충분한 시간과 기회를 주어야 한다. 관계에 대한 가치를 알고, 관계에 대한 가치관을 잘 정리한다면, 관계를 통해 진정한 성공과 행복을 누릴 수 있게 될 것이다.

아이의 관계 정리 1단계 : 관계 만들기

• • •

어떤 부모든 자신의 아이가 리더십 있고, 인기가 많으며, 어떤 친구들과도 잘 어울리는 성격을 가졌으면 하는 마음일 것이다. 그러나 관계 만들기는 무분별하게 인맥을 확장하라는 말이 아니다. 많은 사람들과 관계를 맺는다고 해서 행복해지는 것이 아니기 때문이다. 어른들도 주소록의 수많은 이름들을 보면서 오히려 허무함과 고독을 느끼지 않는가. 영화 〈세 얼간이〉처럼 마음을 터놓고 이야기할 수 있는 친구가 단 두 명이라도 있다면 인생에서 진짜 행복을 느낄 수 있다. 또 새로운 친구 한두 명과 사귈 줄 안다면 아이는 행복할 능력을 가진 셈이다.

내가 친해질 수 있는 친구

영화 〈월플라워〉에서는 말 못 할 트라우마를 갖고, 학교생활에 적응하지 못하는 주인공 찰리가 등장한다. 그에게 먼저 다가오는 친구는 없고, 괴롭힘과 무시만 당하면서 학교생활을 견디던 어느 날, 찰리는 수업시간에 늘 엉뚱한 말만 하고 친구들의 놀림에도 아랑곳하지 않는 패트릭에게 먼저 다가가는 용기를 발휘한다.

친구를 만들기 위한 찰리의 용기는 많은 것을 바꿔놓는다. 패트릭과 그의 동생 샘이 편견 없이 친구가 되어주었고, 그들의 친구들이 찰리의 친구가 되어주었다. 찰리는 그들과 마음을 나누며 어두운 과거에서 나오려는 노력을 하고, 자신의 한계를 넘어서 삶이 점차 나아지고 있음을 느낀다. 진정한 관계라는 것은 자신의 한계를 넘게 하고, 세계를 확장시켜준다.

우리에게 약간의 관찰력과 관심이 있다면, 찰리처럼 어떤 아이와 친구가 될 수 있을지 직관적인 느낌만으로도 알 수 있다. 학자들마다 의견이 다르긴 하지만 대체로 세 살 전후부터 개개인의 차이를 판단하고 특정한 아이에 대한 선호가 발달하기 시작한다고 한다. 생각해보면 학창시절에 친한 무리들끼리는 어딘지 모르게 닮은 구석이 있었다. 성격이 비슷하거나, 관심사가 비슷하거나, 심지어는 키나 외모마저 비슷했다.

우리 아이가 편안함을 느끼고 다가가고 싶은 친구는 어떤 친구일까? 부모가 아이와 함께 아이의 친구들에게 관심을 갖고 이야기 나눈다면 아이도 자신이 좋아하는 친구에 대해 생각해볼 수 있고, 부모는 아이 친구를 통해 아이를 한층 더 깊게 이해할 수 있을 것이다.

ACTION PLAN

★ 자녀와 함께 해보세요!

Q. 현재 가장 친한 친구와 나의 공통점은 무엇인가요? 내가 친구를 좋아하는 것은 무슨 이유 때문인가요?

Q. 반대로 최악의 친구는 어떤 친구인지 가상의 캐릭터로 그려보세요.

자신의 장단점 알기

앞에서도 언급한 '메타인지'는 자신이 뭘 알고 뭘 모르는지, 내가 하는 행동이 어떠한 결과를 낼 것인지에 대해 아는 능력이다. 메타인지가 높은 아이들은 자신에게 부족한 부분을 정확하게 알기 때문에 효과적으로 성적을 향상시킬 수 있다. 관계를 잘 맺기 위해서도 메타인지가 필요하다.

자기 자신의 장단점을 아는 것은 관계를 잘 맺고, 갈등을 해결하는 데 매우 중요하다. 장점을 알면 장점을 활용해서 친구들에게 쉽게 다가갈 수 있고, 관계에 자신감을 가질 수 있다. 모든 사람들에게는 각자 두드러지는 장점이 있기 마련이다. 그런 차이점들이 매력이 되고, 배울 점이 된다. 그리고 약간의 부족한 점도 커버할 수 있다.

반대로 자신의 단점을 아는 것은 관계에 신뢰를 준다. 관계에서 가장 중요한 것은 이해와 신뢰다. 자신 없는 부분을 잘 알게 되면 개선하기 위해 노력할 수도 있고, 잘 고쳐지지 않는 점은 솔직하게 인정하고 사과를 하고, 이해를 구할 수 있다. 그런데 자신의 단점에 대해 잘 모르거나, 회피하거나, 그렇지 않은 척 자신을 꾸미려 한다면 상대방으로부터 믿을 만한 사람이 아니라는 생각이 들게 할 것이다. 자신의 단점이나 약점을 솔직하게 보여주는 것은 생각과 달리 상대방이 큰 이해심을 발휘하게 할 수 있다. 서로 이해할 수 있는 여지를 주는 것도 어찌 보면 배려인 것이다.

ACTION PLAN

★ 자녀와 함께 해보세요!

Q. 나의 장점은 무엇인가요? 친구들이 나를 왜 좋아할까요?

Q. 나의 단점은 무엇인가요? 단점으로 인해 친구들을 화나게 한 적이 있나요?

내성적이어도 괜찮다

아이가 내성적이라 걱정하는 부모들이 있다. 그러나 걱정할 필요는 없다. 에이브러햄 링컨, 워렌 버핏, 토마스 에디슨, 빌 게이츠, 마이클 조던. 이들의 특징은 내성적인 사람이라는 것이다. 국내 CEO 200명을 대상으로 조사했을 때 35.8퍼센트가 내향적인 성향이라고 답했다.

또 내성적인 아이는 그만의 매력을 가지고 있으며, 내향적인 성향의 장점을 살려서 관계를 잘 유지할 수도 있다. 그들은 자신만의 취미생활이나 독특한 내면세계를 만들어나가기 때문에 친구들의 관심을 받는 계기가 분명히 생긴다. 게다가 인맥의 달인들이 갖는 가장 큰 특징은 '경청'인데, 내향적인 성향을 가진 아이는 다른 친구들의 이야기를 잘 들어주고, 깊이 있게 공감할 줄 안다. 신중한 성향을 가졌기 때문에 다른 사람에게 실수할 일도 적다. 오히려 부모가 내성적인 성격을 걱정할수록 아이가 스트레스를 받고, 자신의 성향에 대해 부정적인 인식을 가질 수 있는데 그것이 더 큰 문제다.

사실 친구를 사귀는 방법은 그리 거창한 것이 아니다. Y학습업체에서 전국 초등학생들에게 설문조사로 새 친구 사귈 때 좋은 방법이 무엇인지 조사했더니, '먼저 다가가서 말 걸기' '친구 얘기 잘 들어주기' '매일 상냥하게 인사하기'가 상위 순위로 나왔다. 스스로 편하게 느껴지는 방식으로 다른 사람들을 대하고 만날 수 있도록 독려한다면, 차분하고 깊이 있는 매력으로 친구들과 좋은 관계를 오랫동안 유지할 수 있을 것이다.

'관계 만들기'는 새로운 환경에 처했을 때뿐 아니라, 기존 관계에 문제가 생겼을 때도 원만하게 해결할 수 있는 방법이다. 특히 사춘기에 접어든 아이들의 세계는 어른들이 이해할 수 없는 지점이 있기 때문에 개입해서 해결해주기가 어렵다. 그러나 새로운 친구를 만들거나 다양한 친구관계를 맺는다면 당시의 어려움을 잘 극복해나갈 수 있을 것이다.

또 불교용어 중에 '시절인연'이라는 말이 있다. 사람들은 때가 되어서 만나 함께 발 맞춰가더라도, 삶의 템포나 길이 달라지면 자연스럽게 헤어지게 되어 있다. 그리고 금방 새로운 사람들을 만난다. 그것이 바로 인연이라는 것이다. 인생이란 만남과 이별의 연속이므로, 아무리 좋은 인연을 만났다 하더라도 평생 관계를 지속하기는 현실적으로 어려움을 알려주고, 과거의 인연에 얽매이기보다는 새로운 관계를 만들어 그 관계에 집중할 수 있도록 독려하는 것이 좋다.

아이의 관계 정리 2단계 : 관계 유지하기

관계를 유지한다는 것에는 많은 의미가 담겨 있다. 새로 사귄 친구와 관계의 깊이를 더하는 것, 좋아하는 사람과 계속해서 관계를 유지하기 위해 노력하는 것, 그리고 갈등이 생긴 친구와 그 갈등을 잘 해결해나가는 것이다.

함께 놀 수 있는 기회 만들기

새 친구를 사귀는 좋은 방법 중 하나는 친구들과 같이 놀러 다니는 것이다. 서로 추억을 나누며 관계를 돈독하게 해줄 뿐만 아니라,

일상생활에서 부딪치는 불안감이나 스트레스를 해소시켜주기 때문이다. 다른 사람과 함께 어울리면서 독립심과 탐구심, 창의력도 개발될 수 있다.

특히 일과가 없는 주말이나 방학에는 친구들과 많이 놀게 해주자. 친구에게 연락해서 지금 함께 놀 수 있는지를 물어보게 하고, 친구에게 놀자는 연락이 온다면 최대한 시간을 탄력 있게 조절해준다. 여름방학에는 캠프에 보내는 것도 좋은 방법이다. 새로운 친구도 만들 수 있고 일상생활에 도움이 되는 다양한 경험도 쌓을 수 있다.

친구와 친해질 수 있는 가장 좋은 방법은 집에 친구들을 초대하는 것이다. 집이라는 사적인 공간에 초대하는 것, 초대받는 것만으로도 친밀감이 상승한다. '그 친구 집에 가봤다, 그 친구 집에서 자봤다' 이렇게 말할 수 있는 것은 특별한 관계라는 것을 뜻한다. 어린 시절 자신의 집에 친구를 불러 놀거나, 친구네 놀러가서 놀았던 기억은 이상하게 잊혀지지 않는 것은 그런 이유이기 때문일 것이다.

그런데 집에 아이 친구가 놀러오는 것을 부담스러워해서 놀러오지 못하게 막는 부모들이 있다. 심심해하는 아이가 친구와 함께 놀 수 있는 기회보다 더 중요한 게 있는가? 아이가 친구와 즐거운 추억을 만드는 것보다 깨끗한 집을 유지하는 것이 더 중요한가? 다른 중요한 이유가 있는 것이 아니라, 마음의 여유가 없는 것이다. 만약 집 안이 어질러지는 것이 염려된다면, 아이가 친구와 즐겁게 놀고 난 뒤에 "자, 재미있게 놀았으니까 이제 정리해야지"라고 말하면 아이도 책임감을 가지고 정리를 도울 것이다.

관계 지도 만들기

아이와 함께 관계 지도를 한번 그려보자. 부모도 아이의 관계에 대해 알 수 있고, 아이 친구를 통해 내 아이를 이해할 수 있는 기회가 된다.

우선 도화지와 포스트잇을 준비한다. 포스트잇은 중간 사이즈와 작은 사이즈, 두 가지를 준비한다. 도화지 가운데에는 자신의 이름을 쓰고, 중간 사이즈의 포스트잇에는 카테고리를 적는다. 가족, 학교, 학원, 교회 등등. 작은 사이즈의 포스트잇에는 생각나는 친구들을 모두 적는다. 지금은 친하지 않지만, 예전에 친했던 친구들을 적어도 좋다. 이름을 적고 나면 그 사람이나 친구에 대한 아이의 느낌, 감정, 생각, 장단점, 함께했던 추억들을 이야기해보자. 이야기를 마치면, 친구의 수식어(키워드)나 별명을 정해서 다른 펜으로 이름을 적은 포스트잇 위에 적는다. 별명이나 키워드는 아래를 참고한다.

나에게 어떤 친구인가?	
설레는	배울 점이 많은
어떤 이야기라도 할 수 있는	도움을 준
날 웃게 하는	아는것이 많은
마음이 편안해지는	가족 같은
고민을 상담하고 싶은	할 말이 끝이지 않는

관계의 친밀도와 중요도에 따라 자신의 이름과 적당한 거리에 포스트잇을 분산시키면 완성!

정기적으로 관계 지도를 업데이트하면 관계의 속성이나 의미에 대해 다시 한번 생각해볼 수 있을 것이다. 관계라는 것은 살아가면서 다양한 연결고리로 만들어지며, 시간이 지남에 따라 강해질 수도 있고, 약해질 수도 있다. 단짝 친구와 사이가 틀어지거나, 반이 바뀌면서 그 친구에게 새로운 친구가 생겨서 멀어지면 당장 상실감과 좌절감에 허덕이게 되는데, 자기 주변에 다양한 사람들과 관계가 있음을 인지한다면 정서적으로 안정감을 느낄 수 있고, 새로운 변화에도 잘 적응할 수 있을 것이다.

ACTION PLAN

★ 자녀와 함께 해보세요!

Q. 관계 지도를 만들어보세요.

1. 도화지와 포스트잇 2가지(중간 사이즈, 작은 사이즈)를 준비
2. 도화지 가운데에 자신의 이름을 쓰기
3. 중간 사이즈의 포스트잇에는 카테고리를 적기
    (ex. 가족, 학교, 학원, 교회 등등)
4. 작은 사이즈의 포스트잇에는 생각나는 친구들을 모두 적기
5. 친구 한 명 한 명에 대한 느낌, 감정, 생각, 장단점, 함께 했던 추억을 이야기하기
6. 포스트잇에 쓴 친구의 이름 위에 수식어(키워드), 별명 적기

Q. 나는 다른 친구들에게 어떤 수식어, 어떤 키워드를 가진 친구일까요?

관계에 대한 가치

좋은 관계를 만들고, 자신이 좋아하는 사람들과 관계를 잘 유지하기 위해서는 노력이 필요하다. 관계라는 것은 나무를 가꾸는 것과 같다. 하지만 인맥이나 관계와 관련된 책에서 알려주는 어떤 기술이나 처세술은 부자연스럽고, 실생활에서 적용하기도 어렵다. 그런 것보다는 관계에서 중요한 가치들을 알려주면 친구들과 관계를 맺을 때 자연스럽게 행동의 나침반이 되어 드러날 것이다. 앞서 시간 정리 부분에서 소개한 《아름다운 가치 사전》에는 관계에 대한 중요한 가치들도 있다.

감사, 겸손, 공평, 관용, 마음 나누기, 믿음, 배려, 사랑, 약속, 예의, 유머, 이해심, 정직, 존중, 친절, 경청, 공감, 솔선, 양보, 우정, 함께하기, 협동 등등.

예를 들어, '이해심'이란 전학 온 친구가 낯설어할 기분을 알고, 친절하게 대해주는 것이고, '경청'이란 친구가 하는 말을 관심 있게 들고, 친구의 눈을 바라보며 고개도 끄덕이고 "그런 일이 있었구나. 무척 화가 났겠다" 하며 맞장구를 치는 것이며, '공감'이란 마음을 나누는 것, 울적해하는 친구 옆에서 웃고 떠들지 않는 것, '내게도 만약 저런 일이 생긴다면, 내가 만약 저 사람이라면…' 하고 생각해보는 것이다.

이런 가치들은 실천할 때만 의미가 있다. 미국 사람들이 가장 존경하는 위인 벤자민 프랭클린은 자신이 반드시 지켜야 할 가치를 몇 가지 정하고 날마다 그 가치들을 잘 지키고 있는지 체크를 했으며, 요일별로 특별히 더 실천하는 가치가 있었다고 한다. 벤자민 프랭클린처럼 관계와 관련된 가치들을 아이와 함께 정하고, 그 가치를 한 주 동안 실천할 수 있는 활동을 해보면 어떨까? 만약 '이해심'을 그 주의 가치로 정했다면, 한 주 동안 친구의 상황이나 감정을 살피고 이해하는 행동을 하는 것이다. '우리만의 가치 사전'을 새롭게 만드는 것도 좋을 것이다. 아이가 실생활에서 실천한 가치에 대해 부모와 이야기하면서 자신만의 새로운 정의나 예시들을 만든다면 그야말로 살아 숨 쉬는 '가치 사전'이 되지 않을까?

ACTION PLAN

★ 자녀와 함께 해보세요!

Q. 관계에 대한 가치들을 이야기해주고, 다양한 사례들을 이야기해보세요.

> Q. 최근 친구와 있었던 일을 이야기해보고, 어떤 가치가 부족했는지, 어떤 가치가 발휘되었는지 이야기해보세요.
>
> _____
>
> _____
>
> _____
>
> _____

어른과의 관계의 기본은 부모와의 관계

정리력 카페에서 관계 정리 컨설팅 이벤트를 진행한 적이 있었다. 초등학교 5학년, 4학년 연년생 아이가 있는 직장여성 P씨가 나에게 도움을 요청했다. 아이들이 초등학교 고학년이 되니 점점 말을 안 듣는데, 이제 와서 무엇을 어떻게 해야 할지 잘 모르겠다는 것이었다. 밖에서도 어른들에게 예의 없게 구는 모습을 몇 번 목격한 그녀는 혹시 선생님께 미움이라도 받지 않을까 걱정스럽다고 말했다.

신기한 것은 동일한 문제로 상담해온 학부모들이 꽤 많았다. 나는 그들의 이야기를 들으며 공통점 한 가지를 발견했다. 그들은 대부분 '친구 같은 부모'가 되고 싶어 했다. 아니나 다를까, P씨는 또래보다 일찍 결혼해 맞벌이를 하다 보니, 아이와 함께 시간을 많이 갖지 못해서 혼을 잘 못 내는 편이라고 고백했다. 자녀교육 관계자들은 지나치게 관대한 부모는 엄격한 부모만큼 문제가 될 수 있다고 말한다. 관대한 부모 밑에서 자라난 아이들은 이기적이고, 말을 안 듣고,

비협조적이며, 부모가 원하는 것에 관심을 갖지 않기 때문이다.

앙팡루아(enfant roi)라는 말이 있다. 프랑스어로 '왕 아이', 즉 가족 안에서 왕처럼 군림하는 아이를 말한다. 언제든 자기가 원하는 것을 얻어낼 수 있고, 떼만 쓰면 뭐든 용인되며, 스스로가 우주의 중심이 된 듯 느끼며 행동하는 아이를 의미한다. 프랑스에선 "댁의 아이는 앙팡루아군요"라는 말이 굉장한 모욕이라고 한다. 프랑스의 아동 발달 심리학자 디디에 플뢰는 좌절과 결핍을 배우지 못한 이런 작은 독재자는 빠른 시간 안에 부모의 권위를 빼앗고 '폭군'이 될 수 있다고 지적했다.

가정은 태어나서 가장 먼저 경험하는 사회집단이다. 부모와의 관계가 어른과의 관계의 기본이 되는 것이다. 부모와의 관계 설정이 잘못되어 있으면 밖에 나가서 선생님이나 다른 어른들과의 관계에도 영향을 미칠 가능성이 크다. 그렇기에 부모는 친구 같은 부모가 아닌, 어른다운 부모가 되어야 한다. 그런데 '어른'이라는 것은 무엇일까? 아이들에게 올바른 본보기가 될 수 있는 사람이 아닐까. 기본적인 예의를 갖추고, 상대방을 배려하고 존중할 줄 아는 사람 말이다. 또 어른이라는 이유만으로 비상식적인 것을 요구하거나, 무조건적인 복종을 바라지 말고, 자신의 의견과 생각을 말할 수 있게 가르쳐야 한다.

부모와의 관계 정리

아이들에게 필요한 관계 정리는 '관계에 대한 도리'를 깨닫는 것이다. 그러려면 먼저 부모의 모델을 재정리하는 것이 필요하다. 전 세계 발달심리학자들은 부모의 유형을 독단형, 관대형, 무관심형, 권위형의 네 가지 방식으로 나눈다. 네 가지 자녀 양육 방식은 부모가 자녀에게 요구하는 것이 많고 적음에 따라, 다른 한편으로는 자녀의 요구에 부모가 부응하는 정도가 크고 적음에 의해 나뉜다.

<u>독단형 양육방식</u> : 부모가 자녀에게 요구하는 게 많고, 부모는 자식의 요구에 부응하는 정도가 낮다. 이런 부모는 엄격하고 벌을 잘 주며 자녀에게 복종을 원한다.

<u>관대형 양육방식</u> : 부모가 자녀에게 요구하는 게 많지 않고, 자식의 요구에 부모가 잘 부응한다. 이들은 자녀가 그들을 좋아하기를 바라고, 부모보다는 친구처럼 행동한다.

<u>무관심형 양육방식</u> : 부모가 자녀에게 요구하는 게 많지 않고, 자식의 요구에 잘 부응하지도 않는 것이다. 이런 부모는 자녀의 학교생활에 관심이 없고, 감성적으로 거리가 멀며, 곁에 없는 경우가 많다.

<u>권위형 양육방식</u> : 부모가 자녀에게 요구하는 것도 많지만, 자식의 요구에 부모가 잘 부응하는 것이다. 이들은 자녀와 감성적으로 잘 소통하고, 자녀가 <u>스스로</u> 탐구할 수 있도록 적절한 자유도 줄 줄 안다.

	↑ 자녀의 요구 부응 정도
관대형 양육방식	권위형 양육방식
	부모의 요구 정도→
무관심형 양육방식	독단형 양육방식

    그동안 자신은 어떤 유형의 부모였는가? 자녀에게 요구만 했던 것은 아닌가? 혹은 자녀에게 너무 요구하는 것이 없었던 것은 아닌가? 가장 이상적인 부모의 양육방식은 '권위형 양육방식'이다. 권위라는 단어가 긍정적인 의미로 쓰이지 않는 경우가 많지만, 권위는 그 자체로 나쁘거나 좋은 것이 아니다. 권위는 기준을 정하고 방향을 안내하는 것이며, 상대의 입장과 행동에 영향을 주는 것이다. 부모는 어른으로서 모범을 보이며, 자녀의 행동의 기준을 정하고 방향을 안내하는 역할을 해야 하므로 권위가 있어야 한다. 그러나 권위라는 것은 소유하는 것이 아니라 상대방으로부터 수탁받았을 때 가장 이상적으로 획득될 수 있다.

    그러니까 권위형 양육방식이 되기 위해서는 부모와 자녀가 서로 존중하는 관계가 되어야 한다. 물론 이상적인 부모와 자녀의 관계가 되는 것은 쉬운 일은 아니다. 가장 좋은 방법은 적극적 경청을 통해 서로의 요구사항에 대해 들어주면서, 나-메시지를 통해 상대방에 상처주지 않고 자신의 감정과 요구사항을 솔직하게 말하는 것이다. 결국 양육이라는 것은 서로 요구사항을 이야기하고, 그것에 서로 부응하기 위해 노력하는 끊임없는 과정이 아닐까? 부모는 이런 과정을 통해 획득된 권위로 아이들을 순조롭게 이끌 수 있다. 부모 스스로가 요구사항에 대해 아이들에게 좋은 본보기, 롤모델이 되어야 함은 물론이다.

ACTION PLAN

Q. 나는 어떤 유형의 부모인가요?

기본 예의범절 알려주기

사회규범과 예절은 각각의 상황에 맞춰 어떤 행동을 취해야 하는지를 잘 알고 행동으로 옮길 수 있어야 한다. 그런데 부모가 아이들을 따라다니면서 일일이 가르쳐줄 수는 없다. 그리고 예상치 못한 상황에서 부모나 아이 모두 당황할 수 있으므로, 공공장소나 밖에서 발생할 수 있는 상황을 미리 시뮬레이션해보는 것이 좋다.

내가 추천하는 교육방법은 TPO 카드 게임이다. TPO란, 경찰들이 사건을 보고할 때 사용하는 용어에서 유래된 말인데, Time(시간), Place(장소), Occasion(상황)을 뜻한다. T, P카드에는 각각 시간과 장소에 해당하는 단어들이 적혀져 있다. 아이에게 카드를 한 장씩 뽑게 한 뒤, 부모가 상황을 설정해주면, 아이는 O카드에서 적절한 행동을 찾거나, 직접 이야기하게 하는 것이다. 적절한 행동을 취했을 경우에는 카드를 보상으로 준다. 획득한 보상에 따라 맛있는 간식을 주자. 적절치 못한 행동에 대해서는 왜 그렇게 행동하면 안 되는지 함께 이야기해볼 수도 있다. 반대로 O카드를 뽑은 뒤, O카드에 해당하는 행동을 하는 상황들을 모두 찾게 하는 것도 좋다.

❋ T(시간) : 선생님을 만났을 때, 어른이 물어봤을 때, 친구가 무거운 것을 들었을 때, 차를 탔을 때, 간식을 먹을 때, 밥을 먹을 때, 질문이 있을 때, 화장실에 가고 싶을 때, 친구 생일일 때, 새 친구가 전학 왔을 때, 수업할 때 등등.

❋ P(장소) : 학교에서, 집에서, 방에서, 길거리, 학원, 교회에서, 도서관에서, 음식점에서, 학원차 안에서, 친구네 집에서 등등.

❋ O(상황) : 먼저 인사한다, 손을 들고 질문한다, 떠들지 않는다, 음식을 흘리지 않는다, 쓰레기통을 찾아 넣는다, 축한한다고 말한다, 함께 들어 준다, 안전벨트를 꼭 맨다, 노트에 적는다 등등.

★ 자녀와 함께 해보세요!

Q. 자녀와 각 가정의 상황에 알맞게 TPO 카드를 만들어서, 게임을 해보세요.

T	P	O

아이의 관계 정리 3단계 : 관계 정리하기

앞서 말한 것처럼 아이들의 관계 정리에서 중요한 것은 관계를 끊어내는 것이 아닌, 관계의 이치를 아는 것이다. 그러므로 아이들의 관계에 부모가 너무 깊이 개입하거나, 이래라 저래라 간섭하는 것은 좋지 않다. 기본적으로 자연스럽게 아이들이 해결할 수 있도록 지켜봐주어야 한다.

그런데 고학년이 될수록 끼리끼리 무리를 짓기 시작하고, 아이들 사이에서도 미묘한 역학관계가 형성되면서 갈등 케이스는 다양해지고, 복잡해진다. 같이 잘 놀다가도 자신보다 영향력이 큰 아이, 즉 인기가 많거나, 힘이 세고, 운동이나 공부를 잘하며 강한 성격을 가진 아이들이 가해자 격이 되어 아이와 갈등이 생길 수 있다. 아이는 그 친구를 좋아하는 마음에 집착하고, 잦은 싸움으로 무기력해지고, 자신감이 결여되기도 한다.

　결과가 어찌 되었든, 우리 아이에 대해 영향력을 가진 상대방 아이가 처음부터 사악한 의도를 가지고 그런 것은 아닐 것이다. 그러나 이 아이들은 자기중심적이고, 공감능력이 떨어지는 경향이 있으므로 아이 스스로 잘 방어하고, 자기 중심을 잡지 않으면 힘들어진다. 자녀가 그 친구를 좋아하고 인정받고 싶어 하는 마음이 크면, 점점 그 영향력에 말려들면서, 상처를 받거나 자신의 신념에 반하는 행동을 할 수가 있다. 그런 관계가 형성되기 시작하면 빠져나오기가 굉장히 어렵다.

　이런 영향력 있는 친구로부터 자기 자신을 보호하게 하기 위해서

는 자신이 충분히 좋은 사람이고, 재능이 많은 사람이므로, 친구의 인정을 받을 필요가 없다는 것을 스스로 믿게 해야 한다. 그런데 이런 자존감은 하루아침에 만들어지는 것이 아니므로, 가정에서의 분위기가 중요하다. 다른 사람과의 비교나 경쟁의식을 부추기는 발언을 삼가고, 아이가 잘한 것에 대해서 인정해주며, 존중하는 마음으로 아이를 대해야 한다. 또 '착한 아이 콤플렉스'를 갖지 않도록 높은 도덕적 잣대나 기준을 요구하거나 평가하는 것을 자제한다.

그럼에도 불구하고 친구의 영향력의 크기에 따라, 아이의 성향에 따라 이런 상황은 닥칠 수 있다. 이런 관계가 형성되었을 경우, 아이가 대처할 수 있는 방법들을 미리 알려주자. 또 아이의 상태에 수시로 관심을 기울이고 혹시 한 명의 친구에게 집착하거나, 그 친구와의 언쟁이 반복된다면 다음의 방법들을 활용할 수 있게 조언해주자. 이런 대처 방법은 관계가 점점 악화되기 전에, 상황을 멈추거나 정리할 수 있는 대처법이다.

자신의 감정과 통하기

좋아하는 친구가 자기 자신에 대해 비난하거나 놀릴 때, '너는 틀리고 내가 옳다'라는 메시지를 줄 때면, 그것을 부정하거나 자신의 생각을 고집하기가 힘들다. 특히 그런 메시지 안에는 약간의 진실이 있으므로 그것에 대해 곱씹음으로써 자존감을 상실하거나, 상대방의 생각을 바꾸려는 데 많은 에너지와 시간을 쓰게 된다.

그럴 때는 자신의 감정에 집중해야 한다. 그 상황에 대해 시비를 가리거나 스스로를 의심하는 대신, 자신의 감정을 솔직하게 표현하는 것이다. 여러 번 이야기해도 똑같은 일이 반복된다면 자신이 취할 수 있는 조치에 대해 말한다.

- 1단계 : (감정 표현하기) 네가 나에게 ㅇㅇ라고 놀리는 것이 기분 나빠.
- 2단계 : (조치에 대해 예고하기) 계속해서 네가 나를 ㅇㅇ라고 말하면 집에 갈 거야. 혹은 선생님께 찾아갈 거야.
- 3단계 : (실행하기) 네가 또 나를 ㅇㅇ라고 했으니 집에 가겠어. 혹은 선생님께 가겠어. (정말 실행한다.)

자신의 감정을 소중히 여긴다는 것은 그 친구의 영향력으로부터 벗어날 수 있는 시작이 된다. 또 자기 안에서 강한 에너지를 느끼게 된다. 실제로 친구가 자신에 대해 나쁜 말을 할 경우, 당황스러워서 말문이 막히거나, 어찌해야 할지 모를 수 있기 때문에 미리 부모와 함께 연습을 해보는 것도 좋다.

감정 표현 연습은 가정에서도 유용하다. 부모 역시 가해자 아이처럼 나쁜 의도가 아니더라도 아이에게 큰 좌절과 스트레스를 줄 수 있다. 가정에서 자신의 감정을 잘 표현하지 못하고, 부모에게 인정받으려고 하는 아이일수록 자기를 괴롭히고, 관계에 어려움을 겪게 되어 있기 때문이다.

ACTION PLAN

★ 자녀와 함께 해보세요!

Q. 친구에게 들었던 기분 나쁜 말이 무엇이었나요? 그런 말을 들었을 때 어떤 감정이었나요? 그 감정을 솔직하게 표현해봅시다.

_____
_____
_____
_____

거절을 잘하는 법

아이들은 관계가 삶에서 중대한 일이기에, 될 수 있으면 갈등을 만들지 않으면서, 좋은 친구라는 느낌을 주고 싶어 한다. 그래서 친구의 부탁을 거절하는 것은 대단히 어려운 일이다. 부모들은 "싫으면 싫다고 왜 말을 못하니?"라고 말하지만, 친구의 기분을 상하게 하고 싶지 않은 마음은 아이나 어른이나 마찬가지다. 어른이 되어서도 주변의 부탁을 거절하지 못해서 스스로 곤란에 빠지는 사람들이 얼마나 많은가.

더군다나 거절도 스킬이 필요하므로 여러 번의 시행착오와 연습이 필요하다. 아이가 거절의 기술을 익힐 수 있게 부드러우면서도 단호하게 거절하는 방법을 알려주자. 거절의 기술에는 '호의적인 거절'과 '제한적인 거절', 두 가지 방법이 있다.

호의적인 거절 방법

상대방에 대한 호의를 드러내서 기분이 상하지 않게 한 다음, 거절의 말을 하거나, 상황을 끊는 말을 한다.

- ❋ 1단계 : (호의를 드러내기) "나도 너와 함께 하고 싶어." "나도 너랑 놀고 싶어."
- ❋ 2단계 : (단호하게 거절하기) "하지만, ㅇㅇㅇ해야 돼서 안 될 것 같아." "그때 다른 약속이 있어서 안 될 것 같아." "부모님께 물어봐야 할 것 같아."

제한적인 거절 방법

두 번째는 제한적인 거절이다. 이 거절 방법은 자신이 가능한 선까지만 수용하면서 거절하는 것이다.

- ❋ 1단계 : (가능한 범위에서 승락하기) "난 ㅇㅇ까지만 가능해."
- ❋ 2단계 : (범위 내에서 상대방에 대한 호의를 표현하기) "그때까지 재밌게 놀자!"

만약 즉각적으로 대답하기가 어려운 경우에는 "알았어. 생각해볼게"라고 말하고, 일단은 상황을 정리하는 것이 좋다. 추후에 호의적인 거절과 제한적인 거절 중에 적절한 방법으로 거절하면 된다.

★ 자녀와 함께 해보세요!

Q. 친구에게 거절하고 싶었던 상황이 있었나요? 어떤 상황이었는지 이야기해보고, 호의적인 거절법과 제한적인 거절법을 적용해서 거절하는 표현을 연습해봅시다.

Tip

단체 채팅방 사용과 관련해서

자녀들의 스마트폰 사용이 확대됨에 따라 SNS 혹은 단체 채팅방에서 왕따나 은따와 같은 관계문제가 발생하고 있다. 그래서 아예 스마트폰을 사주지 않거나, 피처폰을 줘서 문제 발생의 여지를 애초에 없애겠다는 부모들도 있다. 스마트폰 사용 여부에 대해서는 부모와 아이가 그 필요성에 따라 사용 여부를 판단해야 하는 일이다. 만약에 스마트폰을 사용하게 할 경우에는 자녀가 어떻게 사용을 하고 있는지 관심을 가져야 한다. 단체 채팅방이 얼마나 있는지, 단체 채팅방에서 참여하지 않는 친구나 학교 선생님 험담을 하지는 않는지, 아이가 주로 어떤 대화를 나누는지 아이와 소통해야 한다. 만약에 아이가 스마트폰에 대해 감정적인 이상증후를 보인다면 그

즉시 관심을 보이고, 아이와 어떤 문제인지 이야기를 나누어야 한다. 물론, 가장 좋은 것은 일이 발생한 뒤의 대책보다는 예방이다. 모든 부모들이 자녀에게 스마트폰을 사줄 때는 사용규칙에 대해 교육을 잘 시키는 것이 중요하다.

▶ **사용시간을 제한한다** : 스마트폰 의존도가 높을수록 SNS 사용 시간도 늘게 된다. 여자아이들의 경우에는 친구들과의 소통과 정서적인 친밀감이 중요하기 때문에 스마트폰 SNS에 중독될 가능성이 높다. 스마트폰 사용시간을 제한해서 다른 다양한 활동을 하게 함으로써 스마트폰 의존도를 낮추어야 한다.

▶ **간단한 메시지만 주고받는다** : 스마트폰이나 메신저 사용규칙을 알려준다. 간단하고, 급하지 않은, 필요한 소통만 하게끔 한다. 실제적인 인간관계는 오프라인에서 이루어진다. 긴 이야기는 전화 통화를 하거나 만나서 이야기하도록 한다. 오프라인에서 충분히 친구들과 노는 시간을 갖게 한다.

▶ **바른 언어를 사용한다** : 온라인에서도 오프라인과 마찬가지로 바른 언어를 사용하도록 한다. 오프라인보다 훨씬 더 신중해야 할 필요가 있다는 것을 이해시킨다. 자신의 생각이나 감정을 표현하는 방법 중 말보다 글이 더 중요하다. 글은 말보다 뉘앙스를 전달하기 어렵기 때문에 뜻이 왜곡되기 쉽고, 한번 전달되면 지워지기 어렵다. 나는 장난이지만 상대에게 상처가 될 수도 있다는 것을 주의해야 한다.

▶ **다양한 소통수단을 이용한다** : 스마트폰이 없어도 학교생활에 필요한 중요한 정보가 무엇인지 단체 채팅방 외에 습득하는 방법을 알게 한다. 학교 일정이나 과제, 챙겨야 할 준비물이 단체 채팅방을 통해서 전달되다 보면 제때 확인되지 않아 놓칠 수 있다. 단짝 친구에게 전화해서 필요한 정보를 확인하거나 컴퓨터 인터넷을 이용

해서 필요한 소통을 하게 한다.

사용규칙은 자녀와 함께 정하고, 이를 어길 시 '~일간 사용금지'처럼 즉각적으로 조치해야 한다. 규칙에 대한 어느 정도의 단호함이 중요하다.

친구와의 관계는 아이들의 성장과정 속에서 자연스럽게 갈등과 화해의 과정을 반복하기 마련이다. 그러면서 성장하고, 관계 맺는 기술도 발전한다. 그러나 일방적으로 괴롭힘을 당하거나 심하게 소외를 받고 있는 상황이라면, 어른들의 도움이 필요하다. 먼저 아이의 상처받은 마음을 보듬어주고, 즉각 담임 선생님께 상담을 요청한다. 담임 선생님은 부모보다 상황을 구체적이고 객관적으로 파악할 수 있으며, 부모의 영향력이 미치지 않는 교실 내에서 조치할 수 있는 것들을 단계별로 지원해줄 것이다.

미네소타대학교 가정교육학과 명예교수인 마티 로스먼은 '성공'이란 마약을 하지 않고, 양질의 친구와 관계를 맺으며, 제대로 교육을 마치고 순조롭게 직장 생활을 시작하는 것이라고 말한다. 그런데 유년시절 가족 관계나 친구 관계로부터 충족되지 못한 정서적 허기들은 스마트폰이 제공하는 게임이나 멀티미디어 같은 자극적인 엔터테인먼트에 중독되게 하고, 과잉된 자기애나 떨어진 자존감으로 인해 학교생활이나, 사회생활을 하는 데 여러 문제를 야기시킨다. 아이는 관계 속에서 행복해질 때 건강한 학교생활도 할 수 있고, 학업에도 충실할 수 있으며, 독립된 사회인으로 나아갈 수 있다. 그런데 부모들은 어리석게도 아이의 성장에 문제가 생겼을 때, 뒤늦게 가족들과 친구들의 관계가 중요함을 깨닫는다. 인생의 행복은 그 무엇보다도 가족과 친구를 포함한 인간관계에 있음을 잊지 말아야 할 것이다.

에필로그

아이의 잠재력을 믿고, 정리의 힘을 믿는다

아이가 생기니 '애 있는 집은 정리가 안 된다'는 말을 절감하게 되었다. 정신을 똑바로 차리지 않으면 정리 컨설턴트가 사는 집도 정리가 안 될 것만 같았다. 그래서 나는 두 가지 원칙을 세웠다. 첫째, 필요한 물건을, 필요할 때, 필요한 만큼만 구입하겠다. 둘째, 매일 잠들기 전 15분 동안 클린 스팟(거실 바닥, 소파 위)을 정리하겠다. 결혼 전에 비해 물건이 늘긴 했지만 두 가지를 실천한 덕분에 출산 전과 다르지 않은 공간을 유지할 수 있었다.

아이가 자라면서는 정리를 강요하거나 혼내지 않겠다는 원칙을 세웠다. 나의 강요에 의해 강박적으로 정리하는 것이 아니라, 스스로 정리의 유익을 느끼길 바랐다. 모방본능을 가진 아이는 내가 늘 청소하는 모습을 보고 쉽게 따라했다. 걸음마를 떼고부터 밀대를 들고 다니면서 바닥청소를 흉내 냈고, 물티슈로 온 집안을 닦고 다녔다. 조금 더 커서는 매일 규칙적으로 아이와 함께 정리하는 시간을 가졌더니, 이제는 외출 전이나 놀이를 마친 후, 주말 오전 시간, 잠들기 전 취침을 준비하는 시간에 정리하는 것을 당연하게 생각한다. 빨래 후 옷을 개어주면 자기 옷 서랍에 넣고, 샤워 후 입을 옷을 알아서 찾아 입는 것도 아이 몫이다.

한번은 아내와 대화하던 중, "우리 애가 커서 뭐가 되면 좋겠어?"라는 질문을 받았다. 나는 1초의 망설임도 없이 "정리 잘하는 사람"이라고 답했고, 아내는 나의 말에 실소를 터뜨렸다. "그럼 공부는 못해도 되고?" 공부 잘하는 사람보다, 자신의 삶을 주도적으로 컨트롤하는 사람이 되길 바라는 깊은 뜻이 있었음을 아내는 몰랐으리라! 나는 우리 서진이가 스스로 쾌적한 공간에서, 자신의 기쁨을 위해 시간을 내며, 긍정적인 영감과 에너지를 주는 사람들과 행복한 시간을 가지길 바란다. 그거면 충분하지 않은가!

이 책이 나오는 데 많은 분들의 도움과 격려가 있었다. 오랜 기간 자료 조사 및 원고 집필에 많은 도움을 준 심지은 매니저님, 원고를 기다려주고 날카로운 피드백으로 책의 수준을 높여준 위즈덤하우스 박지수 에디터님, 정리 현장에서 늘 애써주고 있는 (주)베리굿정리컨설팅 소속 정리 컨설턴트 님들, 오늘도 열심히 정리하고, 정리 스토리를 공유해주고 계신 정리력 카페 회원님들, SNS에서 여러 의견

주시고, 원고에 대해 피드백해주신 소중한 지인들, 책 작업으로 인해 늦은 귀가를 이해해주고 기다려준 사랑하는 서진이와 아내 소영, 늘 기도와 응원으로 힘이 되어주는 양가 부모님과 가족들, 다음 책 출간을 기다려준 수많은 독자분들께 감사한다.

"카오스는 '모든 가능한 것'에 대한 잠재성의 집합"이라고 《철학은 어떻게 정리정돈을 돕는가》의 저자 이나 슈미트는 말한다. 아이는 무한한 잠재성과 창의력을 가지고 세상에 태어난다. 그런데 부모가 자신도 모르게 자기 아이를 무질서로 규정짓고, 본인의 기준으로 필요한 것과 불필요한 것을 재단하려 하면, 그들은 점점 빛을 잃고 의존적이 되거나, 방황하게 될 것이다. 그런 아이로 자라길 바라는 부모는 없다. 그렇다면 아이 삶을 정리하려 하지 말고, 아이에게 정리력을 심어주자. 스스로 자신만의 질서를 가지고, 멋진 인생을 만들어 나갈 것이다. 정리의 힘은 결코 배신하지 않을 것이다. 정리의 힘을 믿길 바란다.

아이 정리 프로젝트 미션

	부모가 해주어야 하는 넛지	아이에게 가르쳐야 할 규칙
집에 왔을 때	현관에 발바닥 스티커 붙이기	"집에 돌아오면 발바닥 스티커에 신발 벗어놓자"
집에 왔을 때	현관이나 방에 학교/가방 놓는 곳 마련하기 (가방 전용 큰 바구니, 키 높이 행거)	"학교(학원)에 갔다오면 가방은 여기에 벗어두세요"
집에 왔을 때	마스킹 테이프로 장난감 자동차, 자전거 주차장 표시	"자동차(자전거)를 다 타면, 여기 주차장에 주차해주세요"
집에 왔을 때	마스킹 테이프로 현관에서 화장실까지 화살표 붙이기	"집에 오면 이 길을 따라 화장실에 가서 손을 닦자"
집에 왔을 때	비누에 블록 넣기	"비누로 손을 열심히 닦으면 비누 안에 숨어 있는 블록을 찾을 수 있어요"
목욕할 때	화장실 앞이나, 다용도실 앞에 빨래통(빨래용) 놓기	"OOO야, 빨아야 하는 옷은 이 빨래통에 넣기! 빨래를 넣지 않으면 엄마가 빨아줄 수 없단다"

목욕할 때	화장실에 물놀이 장난감 넣는 빨래망 비치	다 놀고 난 후 빨래망에 장난감 넣기 (걸어두고 물기 제거)
장난감 가지고 놀 때	장난감 수납장에 그림(큰 글씨)로 라벨링하기	"자, 장난감을 다 가지고 놀았으면 장난감도 집에 데려다 주세요. 집 주소는 이거예요~"
장난감 가지고 놀 때	놀이 매트로 공간 구분하기	"장난감은 매트 안에서만 가지고 놀아야 해요. 약속"
장난감 가지고 놀 때	시간 정해서 타이머 맞추고 함께 정리하기(정리송 부르며)	"자, ○○시네! 정리할 시간이다~ 우리 정리하자!" 정리송 부르면서
옷 입을 때	방 안에 입었던 옷 둘 수 있는 바구니(보관용) 놓기	"입었던 옷은 여기에 잘 접어서 벗어놓으세요."
옷 입을 때	옷장 서랍에 상의/바지 구분해서 라벨링하기	"(자기 전에) 내일 입고 싶은 티랑 바지 꺼내오세요."
옷 정리할 때	옷(속옷, 양말 등) 개는 방법 알려주기	"옷을 다 개고 나서 세웠을 때 세워져야 성공이야! 누가누가 많이 개나 우리 시합 해볼까?"
공부할 때	타이머를 5~15분 단위로 설정하기	"알람이 울릴 때까지 학습지 해보자. 알람이 울릴 때까지 숙제를 끝내보자."

공부할 때	서랍 칸칸별로 분류 후 라벨링 하기	"문구는 여기 서랍에 있고, 악기는 맨 아래 서랍에 있단다. 사용 후에는 다시 제자리에 두세요."
공부할 때	문제집/참고서/학습지 3단 책꽂이로 구분해서 꽂기 (라벨링하기)	문제집은 이 칸에, 참고서는 이 칸에, 학습지는 이 칸에 두는 거야. 이렇게 하면 섞이지 않아서 빨리 찾을 수 있어.
게임할 때	타이머를 5~15분 단위로 설정하기	"하루 O번, OO분만 게임할 수 있어~ 알람이 울릴 때까지만 게임하는 거야"
기타	아이 작품 정리하기 : 현관이나 거실처럼 온 가족이 감상할 수 있는 공간에 아이 작품 둘 공간 마련 (선반-공작 1~3점/나머지 수납상자, 액자-1점/나머지 클리어파일)	"OOO야, 우리 정말 마음에 드는 것만 모두 잘 볼 수 있는 곳에 진열해둘까? 제일 마음에 드는 그림(작품)이 뭐니? 버려도 되는 것은 뭐니?"
기타	추억 상자 정리하기 : 일정 크기의 상자 안에 정리하기~ 정기적으로 정리해서 우선순위 낮은 것은 비우기	
기타	아이와 함께 벼룩시장 참여하기	

참고문헌

• 도서 및 논문

고영성, 신영준,《완벽한 공부법》, 로크미디어, 2017

다쓰미 나기사,《정리만 잘해도 성적이 오른다》, 북뱅크, 2009

로빈 스턴,《가스등 이펙트》, 랜덤하우스코리아, 2008

매튜 D. 리버먼,《사회적 뇌 인류 성공의 비밀》, 시공사, 2015

박혜란,《다시 아이를 키운다면》, 나무를심는사람들, 2013

보윤 그레이스 채(Boyoun Grace Chae), '지저분한 업무공간이 당신의 인내력을 저하시키는 이유', 〈하버드비지니스리뷰〉, 2015

사교육걱정없는세상,《아깝다 학원비!》, 비아북, 2010

송찬원, '학습장애아의 실행기능에 관한 고찰', 〈특수교육저널: 이론과 실천〉, 2009.6. 제 10권 2호, pp.129~149

스즈키 나오코,《아이와 함께하는 즐거운 수납》, 문학수첩 리틀북스, 2015

스즈키 에이치,《베리 심플》, 더퀘스트(길벗), 2017

윤영란, '학습흥미와 동기 그리고 자발적 학습력의 교육적 수용', 〈인하교육연구〉 2006.12., pp.185~202

이나 슈미트, 《철학은 어떻게 정리정돈을 돕는가》, 어크로스, 2012

이혜성, 《내 아이를 변화시키는 놀라운 정리 습관》, 미디어윌, 2009

장새롬, 《멋진룸 심플한 살림법》, 진서원, 2016

정민, 《다산선생 지식경영법》, 김영사, 2006

주창윤, 《허기사회》, 글항아리, 2013

줄리 리스콧-헤임스, 《헬리콥터 부모가 자녀를 망친다》, 두레, 2017

찰스 두히그, 《습관의 힘》, 갤리온, 2012

크리스틴 고, 아샤 돈페스트, 《미니멀 육아의 행복》, 북하우스, 2014

토머스 고든, 《부모 역할 훈련》, 양철북, 2002

• 언론 및 자료

김지수, '노키즈존과 권위 잃은 부모들', 〈조선비즈〉, 2017.9.1.
박기용, '성인 4명 중 1명, 평생 한 번 이상 정신질환 시달려', 〈한겨레〉, 2017.4.12.

박영주, "'인맥王 무슨 소용'… '인맥 거지' 자처하는 현대인들', 〈뉴시스〉, 2017.4.29.

유정식, '책상이 지저분하면 일 못한다?', http://www.infuture.kr/m/1427

이승태, '시간관리 짱 미림여고 2학년 이현무 양', 〈동아일보〉, 2012.7.3.

전민희, '대청중 3학년 전교 1등 박지상군, "100점 비결, 학원 늦게 보낸 덕분이죠", 〈중앙일보〉, 2013.9.3.

'인터넷·스마트폰 과의존 저연령화 지속', 〈2017년 인터넷·스마트폰 이용습관 진단조사 결과 발표〉, 여성가족부, 2017.5.24.

'버리기의 기적', 〈MBC 다큐스페셜〉, 2016.9.5.

'Memorising the Bible and drinking 50 cups of coffee a day: From Darwin to Dickens, how history's biggest thinkers spent their days', 〈Daily Mail〉, 2014

• 사진 출처

44쪽 베토벤의 일과표: 〈Daily Mail〉
144쪽 레고 정리 모습: 정리력 카페 hillie 님
144쪽 카드 정리 모습: 정리력 카페 한결같은마음 님

148쪽 작품 정리 모습: 정리력 카페 푸른미소2 님

148쪽 상장 정리 모습: 정리력 카페 삶의가지치기 님

150쪽 액세서리 정리 모습: 정리력 카페 비행소녀 님

국립중앙도서관 출판시도서목록(CIP)

아이의 공부습관을 키워주는 정리의 힘 / 지은이: 윤선현. -
- 고양 : 위즈덤하우스 미디어그룹 : 예담friend, 2017
  p. ;   cm

권말부록: 아이 정리 프로젝트 미션
참고문헌 수록
ISBN 979-11-86117-88-0 13590 : ₩13800

자녀 교육[子女敎育]
정리(정돈)[整理]

598.5-KDC6
649.6-DDC23   CIP2017023833

아이의 공부습관을 키워주는 정리의 힘

초판 1쇄 발행 2017년 9월 25일   초판 3쇄 발행 2020년 9월 23일

지은이 윤선현
펴낸이 연준혁

편집 1본부본부장 배민수
편집 6부서부서장 정낙정
디자인 조은덕 본문일러스트 민효인

펴낸곳 ㈜위즈덤하우스 출판등록 2000년 5월 23일 제13-1071호
주소 (410-380) 경기도 고양시 일산동구 정발산로 43-20 센트럴프라자 6층
전화 031)936-4000 팩스 031)903-3893 홈페이지 www.wisdomhouse.co.kr

값 13,800원   ISBN 979-11-86117-88-0 [13590]

ⓒ 윤선현, 2017

* 잘못된 책은 바꿔드립니다.
* 이 책의 전부 또는 일부 내용을 재사용하려면
  사전에 저작권자와 ㈜위즈덤하우스의 동의를 받아야 합니다.